mandelbaum *verlag*

Gastrosophische Bibliothek
hg. v. Lothar Kolmer, Marcus Winkler
Band 4
Kochbucheditionen betreut von Gerhard Ammerer
unterstützt von der Firma WIBERG und dem
Kuratorium Kulinarisches Erbe Österreich

Franziska und Lothar Kolmer (Hg.)

Kochbuch der Maria Euphrosina Khumperger

aus dem Jahr 1735 mit 285 Rezepten

mandelbaum *verlag*

www.mandelbaum.at

ISBN 978-3-85476-466-3

1. Auflage 2015

Satz und Umschlaggestaltung: Michael Baiculescu
Druck: Primerate, Budapest

Inhalt

Vorbemerkung der Herausgeber

Der Spruch, wonach „viele Köche den Brei verderben", mag seine Berechtigung haben; er gilt nicht für die Edition eines Kochbuches. Wenn beim Kochen jeder aus der Kochbrigade seinen Senf dazu tut, wird ein Gericht kaum gelingen. Anders bei der Edition eines Quellentextes. Viele Wissenschaftlerinnen und Wissenschaftler müssen mit ihren speziellen Kenntnissen dabei mitwirken. Diese kleine Danksagung an die Mitglieder unserer „Brigade" erweist, dass die Edition ohne das Zusammenwirken vieler Spezialistinnen und Spezialisten nicht zustande gekommen wäre:

Das Manuskript befindet sich im Bestand des Salzburg Museums und Herrn Dr. Plasser, Dr. Laub und den Mitarbeitern sei für Ihre Unterstützung Dank gesagt. Von Mag. L. Laubhold aus dem Archiv der Erzdiözese Salzburg kam Hilfe bei der Zuordnung der Wasserzeichen. Hans Roth, der große Kenner der Geschichte Laufens, hat den biografischen Abriss unserer Köchin geliefert; aus ihrem Geburtsort übermittelte Matthias Blankenauer den Taufbucheintrag und Informationen zum Unterwirt. Hannes Scheutz hat, wie schon beim Ursulinenkochbuch, den wichtigen sprachhistorischen Teil beigetragen. Das Glossar, die Register und Korrekturen besorgten in vorbildlicher Weise Martina Rauchenzauner und Simon Edlmayr. Michael Baiculsescu hat in bewährter Weise die Umschlag- und Buchgestaltung vorgenommen und komplikationslos ediert.

Wir beide haben das Manuskript transkribiert und auch Einleitung und Kommentare zum besseren Verständnis des Werkes verfasst. Um die Archäologie der Küche zu betreiben, wurden mehrfach die Rezepte praktisch umgesetzt, also gekocht und die Ergebnisse diskutiert. Für potentielle Nachahmer gilt es gleich vorweg zu sagen, dass die meisten Rezepte in der vorliegenden Form nicht umsetzbar sind. Das Kochbuch weist zu viele Lücken in den Rezepten auf. Das ist keine frühere „Schlamperei", sondern setzt professionelles Wissen voraus, weswegen ganz geläufige Rezeptbestandteile oder Zubereitungsarten wegbleiben konnten. Aber auch hier verfügten wir im Team über die nötigen Fachkenntnisse.

Wir freuen uns, auf diese Weise an Rosina Kumperger zu erinnern, eine Wirtstocher, die 1735 solche kulinarischen Ambitionen aufwies.

Zur Edition des Kochbuchs

Beschreibung

Das vorliegende Kochbuch befindet sich im Archiv des Salzburg Museums unter der Signatur HS 2019. Die Handschrift ist sehr gut erhalten. Sie weist auf den einzelnen Seiten unten rechts Gebrauchsspuren durch Umblättern auf. Bei Folio 10–13 gibt es am oberen rechten Rand einen kleinen Brandflecken. Das Buch ist ca. 2 cm hoch, 15,5 cm breit und 20,5 cm lang.

Der Einband wurde aus mehreren Blättern Papier zusammengeklebt. Da sich die Verklebung auf der unteren Seite des Einbandes etwas löste, ließ sich daran erkennen, dass z.T. Seiten aus gedruckten Werken (davon eines aus dem kirchlichen Bereich) oder beschriebenes Papier sekundär verwendet wurde. Die Vorder- und Rückseite des Einbands sind mit einem Muster aus schwarzen Rechtecken (4 mm) und abwechselnd vier in Kreuzform angeordneten Punkten linear verziert. Auf der Vorderseite ist der Einband unten stark berieben. Der Buchrücken fehlt.

Das Buch ist überwiegend vierbögig gebunden, die erste Lage zweibögig, eine Seite dient als Spiegelblatt. Ein Vorsatzblatt fehlt.

Zum Verschluss des Buches dienten zwei Lederfäden, die beide abgebrochen sind, und je eine Lasche auf der Rückseite des Buches.

Das Papier ist von einheitlicher Qualität, weist einen Schnittrand auf, wirkt farblich wie Pergament.

Die Seiten sind nicht paginiert, die Rezepte nicht nummeriert. Für die Edition haben diese fortlaufende Nummern erhalten.

Das Titelblatt in Fraktur als Auszeichnungsschrift enthält die Angabe, wie sie sich im Transkript findet; eine Abbildung ist beigefügt.

Die durchaus gut lesbare Handschrift in deutscher Kurrentschrift weist zwei Hände auf, der Handwechsel erfolgt in etwa der Mitte des Buches; ist angegeben. Die zweite Hand ist schwungvoller und ausgreifender, mit größeren Unter- und Oberlängen.

Die Überschriften der Rezepte heben sich kaum vom übrigen Text ab. Der Text ist fortlaufend geschrieben.

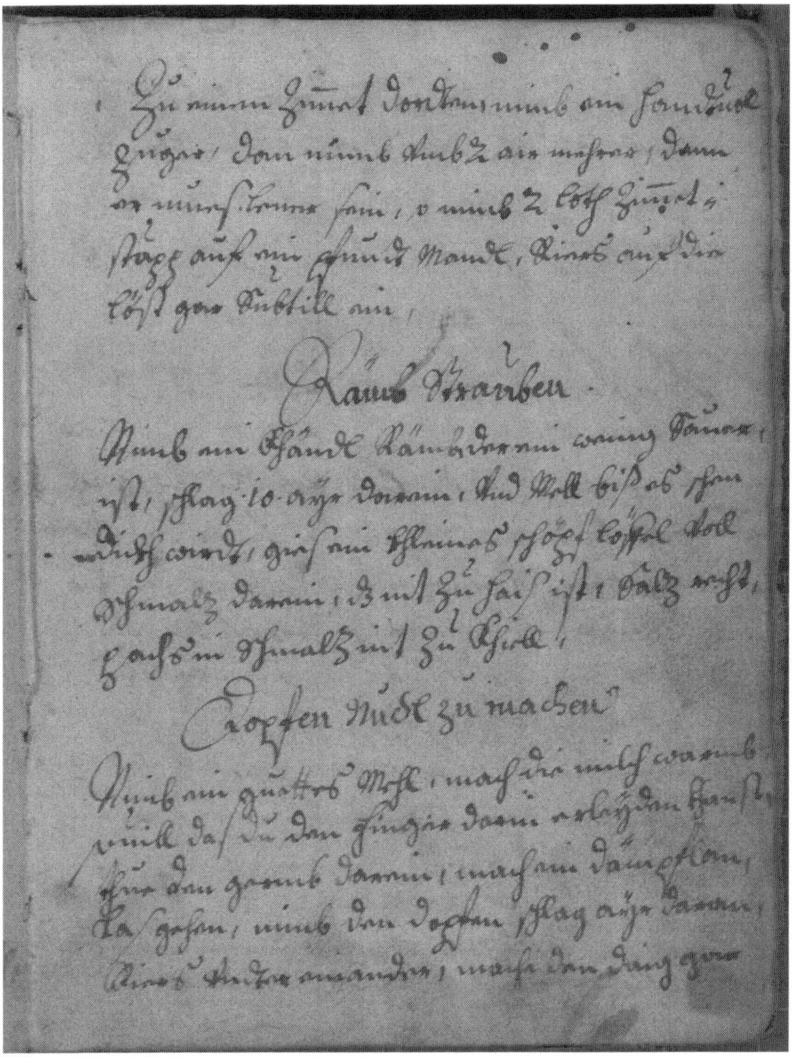

Wasserzeichen

Die Wasserzeichen befinden sich jeweils in der Mitte des Papierbogens, d.h. sie sind alle im Falz eingebunden, sodass sie, auch wegen der Beschreibung des Papiers schwer erkennbar sind. Die Übertragung der Wasserzeichen erfolgte vom Original durch Abzeichnung, ferner stellte das Salzburg Museum dankenswerter Weise Ablichtungen zur Verfügung.

Ein Wasserzeichen besteht aus einem Herz, darin die Buchstaben „VM" darüber eine „4". Es lässt sich dem Papiermacher Ulrich Marx sen. in der Papiermühle des Klosters Raitenhaslach zuordnen, der von 1725–1761 dort tätig war (s. Abb.).

Das zweite Wasserzeichen zeigt in einem birnenförmigen Rahmen auf einem Dreiberg heraldisch nach rechts wohl eine Taube mit einem Zweig im Schnabel, links unter dem Rahmen findet sich ein „C", rechts ein „R" für Kloster Raitenhaslach. Darüber ist ein Kopf mit einer Mitra und einem Abtstab vor einer gotischen Architektur zu erkennen.

Damit steht fest, dass das Papier in Raitenhaslach hergestellt wurde.

Editionsgrundlagen

Die Groß- und Kleinschreibung wird integral beibehalten. In vielen Fällen, wo es nicht offensichtlich ist, ob es ein Groß- oder Kleinbuchstabe sein soll, wurde nach der Größe der benachbarten Buchstaben entschieden.

Große Initialen werden in der Transkription nicht besonders hervorgehoben.

Es erfolgt keine Zeilenzählung, das Zeilenende wird durch einen Schrägstrich gekennzeichnet, das Seitenende mit zwei Schrägstrichen. Es erfolgt keine Seitenzählung bei der Handschrift, die recto/verso Kennzeichnung des Digitalisats wird in runde Klammern gesetzt.

Die Rezepte sind integral transkribiert, sie werden nicht übersetzt. Die Zerlegung von Präfix und Verb („an richten“) und die Zerlegung von Adverbien in Teile („under ein ander“, „dar mit“) wird jeweils beibehalten. Zahlen werden so wiedergegeben, wie sie aufscheinen. Sind sie in der Handschrift ausgeschrieben, werden sie auch in der Transliteration ausgeschrieben. Die Interpunktion wird vorlagengetreu wiedergegeben. Zwischen langem Inlaut-s und rundem Auslaut-s wird nicht unterschieden. Die Schreibung von „v“ und „u“ wird buchstabengetreu transkribiert. Kürzungen und Abkürzungen werden hoch- oder tiefgestellt, je nachdem in welche Richtung sie weisen. Streichungen und Einfügungen im Original sind gekennzeichnet. Wiederholungen und Auslassungen im Original werden beibehalten, Begriffe und deren Schreibvarianten ebenfalls.

Nötigenfalls ist dem Rezept zum besseren Verständnis eine Erklärung beigefügt. Ein ausführliches Glossar liefert die Worterklärungen.

Gewichte und Hohlmaße

(nach Fritz Koller)

Gewicht

1 **Salzburger Pfund**	560 g	Leitgewicht im Erzbistum Salzburg
1 **Halleiner Pfund**	533,33 g	Hallein, Golling, Abtenau, Pongau
1 **Mooshamer Pfund**	571,2 g	Lungau

Gewicht (in Salzburger Pfund)

1 **Zentner** = 100 Pfund	56 kg
1 **Pfund** = 4 Viertung	560 g
1 **Viertung** = 32 Lot	140 g
1 **Lot** = 4 Quintel	4,375 g
1 **Quintel** = 4 Sechzehntel	1,094 g
1 **Sechzehntel**	0,273 g

Gewicht (in Halleiner Pfund)

1 **Zentner** = 100 Pfund	53,333 kg
1 **Pfund** = 4 Viertung	533,333 g
1 **Viertung** = 32 Lot	133,333 g
1 **Lot** = 4 Quintel	4,166 g
1 **Quintel** = 4 Sechzehntel	1,042 g
1 **Sechzehntel**	0,260 g

Gewicht (in Mooshamer Pfund)

1 **Zentner** = 100 Pfund	57,120 kg
1 **Pfund** = 4 Viertung	571,200 g
1 **Viertung** = 32 Lot	142,800 g
1 **Lot** = 4 Quintel	4,463 g
1 **Quintel** = 4 Sechzehntel	1,116 g
1 **Sechzehntel**	0,279 g

Flüssigkeits-Hohlmaße

1 Salzburger (Normal-)Eimer	56,6 l
1 Fuder = 32 Eimer	1811,2 l
1 Dreiling = 24 Eimer	1358,4 l
1 Eimer = 36 Viertel	56,6 l
1 Viertel = 2 Kändel	1,572 l
1 Kändel = 2 Mäß	0,786 l
1 Mäß = 4 Sechzehntel	0,393 l
1 Sechzehntel	0,098 l

Währung

1 Pfund Pfennig =	8 Schilling Pfennig
1 Schilling Pfennig =	30 Pfennig

„Entsprechend der Münzreform Karls des Großen wurde Silber im Gewicht von einem Pfund zur Ausmünzung von 240 Pfennigen verwendet. In der Folge trat dieser Zusammenhang in den Hintergrund, und „Pfund“ wurde zum Synonym für 240 Stück (wie „Dutzend“ für 12 Stück). [...] Pfund und Schilling waren somit keine Zahlungsmittel (etwa Münzen). Es handelt sich bei ihnen vielmehr um Rechnungseinheiten.“ Koller, Landesarchiv, S. 184.

Unter Erzbischof Matthäus Lang (1519–1540) wurde auf die Gulden-Kreuzer-Währung umgestellt.

1 Gulden = 60 Kreuzer
1 Kreuzer = 4 Pfennige

Historische Kochbücher

Die Erforschung der handschriftlichen Kochbücher kommt langsam voran. Es liegen noch sehr viele Manuskripte aus dem 17. und 18. Jahrhundert in Archiven und Bibliotheken. Diese aufzuarbeiten, setzt eine grundlegende Finanzierung voraus, die gewöhnlich, wie auch in diesem Falle, schwer gelingt. Die Beschäftigung mit dieser Gattung gilt zudem vielen Wissenschaftlern immer noch als trivial, was auch die Motivation des wissenschaftlichen Nachwuchses, solche Forschungen zu unternehmen, schwächt. Der Erkenntniswert der Editionen für Kultur-, Sozial-, Gesellschaftsgeschichte zeigt sich aber in jedem einzelnen Werk, gerade auch im vorliegenden.

Die Quellenproblematik der Kochbücher ist mittlerweile bekannt. Sie verweisen auf kulinarische Praxis und Wissen, in der damaligen Zeit existierend, aber nicht unbedingt mit dem jeweiligen Kochbuch von deren Besitzerin und in deren sozialen Milieu umgesetzt. Das lässt sich an heutigen Beispielen verdeutlichen. Der Besitzer des mehrbändigen und mehrere 100 € teuren Werkes „modernist cuisine" wird für gewöhnlich nicht in der Lage sein, die darin enthaltene Molekularküche zuhause zu verwirklichen. Die Existenz des Bandes in der Kochbuchsammlung jedoch spricht für ein großes Interesse an dieser „Küche". An einem Kochbuch einer bestimmten Epoche erweist sich damit die damalige Küchenlinie, doch kann daraus nicht direkt auf deren Umsetzung geschlossen werden. Auch damals gab es „demonstrativen Besitz", der jedoch durch die hohen Preise für derartige Werke sehr stark limitiert war.

Bis ins 19. Jhd. fand die einfache, regionale Küche nicht Eingang in Kochbücher, dies geschieht heute verstärkt mit der Expansion des Kochbuchmarktes, einhergehend mit abnehmenden Kenntnissen der Küchenpraxis und der Zubereitungsarten. In den Kochbüchern vergangener Epochen erscheint deswegen zunächst eine Küchenlinie, die sich über die Alltagsspeisen erhebt. So finden sich im frühen 18. Jahrhundert weder die bäuerliche noch eine kleinbürgerliche Küchenlinie in den handschriftlich verfassten Werken, allenfalls rudimentär, überwiegend bei Mehlspeisenrezepten. Zu dieser Zeit gibt es bereits gedruckte Werke, die jedoch weitgehend die Küche des Hofes, also des Hochadels und die damals moderne französische Grande Cuisine enthielten. Das im nahe gelegenen Salzburg entstandene Kochbuch des Conrad Hagger von 1718/1719 fällt, so weit wir das bislang interpretiert haben, noch in die ältere höfische Tradition. Jedoch liegen zwischen dem Werk und der vorliegenden Schrift im wahrsten Sinne „Welten".

Gerade bei Hagger lässt sich die Funktion einer sozialen Differenzierung durch Speisen deutlich aufzeigen. Bei ihm kommen teure, exotische Zutaten in besonders dekorativ gestalteten Gerichten auf die Tafel. Die Anbringung von Wappen auf Pasteten verweist über die intendierte optische Wirkung auf höfische Repräsentation. Die „Küche", als gesellschaftliches Gesamtsystem (nach M. Mauss), dient zur Versinnbildlichung des adeligen Status und Lebensgefühls, erweist Reichtum, die Verfügung über die Ressourcen des Landes, gerade über die agrarischen Produkte. Macht drückte sich damals auch auf diese Weise aus. Auch die soziale Differenzierung zwischen einem Hof, dem kleinen Adel auf dem Lande und dem städtischen Bürgertum spiegelt sich in Kochbüchern. Letzteres versuchte auch auf kulinarischer Ebene einen Abglanz dieser Pracht und Opulenz auf sich fallen zu lassen: Freilich war es kaum möglich, solche prätentiösen Gerichte zuzubereiten. Die Zutaten waren teuer, die Herstellung arbeitsaufwändig und Professionisten vorbehalten. Das gilt besonders für die in den Kochbüchern etwa von Hagger enthaltenen Schau- und Repräsentationsgerichte.

Schaugerichte (Definition nach dem Grimmschen Wörterbuch) sind nicht essbare Gerichte, bei denen das Aussehen und die Kunstfertigkeit im Vordergrund stehen. Dazu zählen vor allem die großen Pasteten, die sehr viele unterschiedliche Bestandteile enthielten und außen entsprechend verziert waren. Essen zählte zur Hofkunst wie die Musik und wird entsprechend zeremoniös in Szene gesetzt. Damit fällt sie aus dem ursprünglichen funktionalen Kontext der Ernährung heraus. Es ist ein Mittel der Selbstinszenierung und Selbststilisierung, steht für Prätention und Manifestation von Macht und gesellschaftlichem Standesbewusstsein.

Repräsentationsgerichte sind Speisen, die durch seltene Zutaten, aufwendige Zubereitung oder besonders schönes Aussehen (Farbe, Form, Dekoration) auffallen, aber zumindest z.T. essbar sind. Im vorliegenden Kochbuch gibt es nur ganz wenige Gerichte, die auf einen optischen oder sonstigen Überraschungseffekt hinzielen, Staunen und Bewunderung hervorrufen sollen. Die „Birne

Frauenzimmer Lexikon, „Küchenzettel" auf S. 2177f.

Küchen-Zettul auf diese 6. Essen.

1. Kräuter-Suppe.
2. Rindfleisch mit Kohlrabi.
3. Hechte mit Pohlnischer Brühe.
4. Kalbs-oder Schöps-Viertel gebraten.
5. Rahm-Tarte.
6. Sallat.

Küchen-Zettul auf diese 8. Essen.

1. Sauerampff-Suppe mit einen Marcks-Knochen.
2. Gedämpfft Rindfleisch mit sauren Rahm und Capern.
3. Estoufade von Tauben.
4. Braun-Kohl mit Carbenade.
5. Gebratene Hirsch-Keule.
6. Gebratene Gans und junge Hüner.
7. Artischocken.
8. Sallat.

aus Kalbfleisch" (Nr. 144) zählt darunter.

Sowohl bei Schau- als auch bei Repräsentationsgerichten verfügen wir über bildliche Darstellungen, die zeigen, dass bei entsprechenden festlichen Anlässen solche Gerichte tatsächlich aufgetragen wurden. Weiteren Quellen lässt sich entnehmen, dass viele der in gedruckten Kochbüchern enthaltenen Speisen wirklich serviert wurden. Damit wird auch eine Absicht all dieser Bücher deutlich, die über die Wiedergabe einer kulinarischen Praxis der fürstlichen Selbstdarstellung, Imagewerbung, der Machtpräsentation dienen sollen.

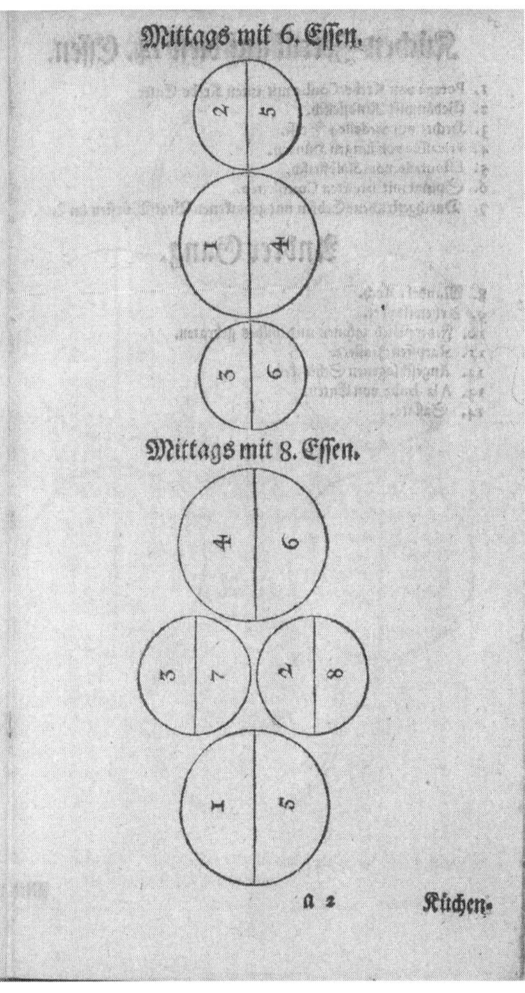

Frauenzimmer Lexikon, „Küchenzettel" auf S. 2177f.

Ein Effekt wird künftig aber noch zu untersuchen sein: wie viel von den Rezepten in welcher Form in welchen Kochbüchern rezipiert wurde. Die gedruckten Werke mit höfischem Glanz stehen an der Spitze der Kochbuch-Pyramide. Es gibt Abstufungen in die verschiedenen sozialen Schichten hinein, bis zum Bürgertum, in das wir mit dem Kochbuch der Rosina Kumperger gelangen. Hierzu aber fehlen weitgehend Erkenntnisse. Denn zum einen stammen die gedruckten Kochbücher bis zur Mitte des 18. Jahrhunderts überwiegend von den Hofküchen her, zum anderen sind die Rezepte nur dort umsetzbar. Dies waren zudem aufwändig gedruckte Werke, deren hoher Preis die Käuferschicht eng limitierte. Erst im Laufe des 18. Jhd., vor allem im letzten Drittel, wird auch für Schichten darunter gedruckt; aber immer noch sind die Bücher teuer. Die großen Auflagen für ein breites Publikum brauchen noch bis ins späte 19. Jhd. Bis dahin mussten Kochbücher für den privaten Bedarf mit Hand geschrieben werden. Gerade solche aus der Zeit um 1700 sind weitgehend unbeachtet und unediert geblieben. Aber, wie sich abzeichnet, gab es ein Bedürfnis nach Kochbüchern; dies ließ sich, wie im vorliegenden Fall, nur durch eine Abschrift stillen, die billiger kam, als ein gedrucktes Exemplar. Doch beim derzeitigen Wissensstand lassen sich kaum weitere Angaben machen, keine Vergleiche zwischen den Abschriften ziehen und auch nicht Ab- und Herleitungen aufzeigen. Dafür müssen noch weitere Handschriften aufgearbeitet, transkribiert und dem Vergleich zugänglich gemacht werden. Die Durchsicht von vorliegenden, noch unedierten Texten erweist vorläufig eine Verwandtschaft der Kochbuchhandschriften dieser Zeit. In klösterlichen, adeligen und bürgerlichen barocken Kochbüchern scheinen durchaus gleichlautende Rezepttitel und Zubereitungsarten auf. Ob sie es tatsächlich sind, bleibt zu beantworten. Die in Arbeit befindliche Rezeptdatenbank wird hoffentlich die entsprechende Unterstützung bei der Auswertung bringen.

Mit dem vorliegenden Manuskript gelangen wir in eine Schicht, die für diese Zeit als Besitzer von handgeschriebenen Kochbüchern kaum bekannt ist. Die große Welle der handgeschriebenen Kochbücher setzt erst mit dem Beginn des 19. Jhd. ein, dann freilich nicht mehr von fremder, sondern von eigener Hand, meist liebevoll verfertigt. Im vorliegenden Fall wurde eher mechanisch geschrieben. Auf Gefälligkeit wurde nicht geachtet, manchmal steht lediglich die Überschrift noch unten auf einer Seite und der eigentliche Rezepttext beginnt auf der neuen Seite; manchmal fehlt auch das Ende des Textes. Die Überschriften sind nicht hervorgehoben – all das spricht für ein schnelles und wenig sorgfältiges Abschreiben durch Lohnschreiber.

Gerade aber für solche frühen Werke stellt sich besonders bei der Interpretation die Frage nach der realen, praktischen Umsetzung. Da das Kochbuch keine starken Gebrauchsspuren aufweist, wurde es also nicht direkt in der Küche verwendet, diente also eher als Ideenlieferant, was aber durchaus übliche Praxis gewesen zu sein scheint. Ob, und wenn, wie oft in einem Handwerkerhaushalt auf diesem „Level" gekocht wurde, bleibt offen. Ob besonders aufwändige Rezepte mit teuren Importwaren, Limonen etwa, dem Luxusprodukt Zucker, verwendet wurden? Zu besonderen Festtagen? Das Kochbuch erscheint zumindest kulinarisch wie gesellschaftlich ambitioniert. Der folgende biografische Abriss macht dies deutlich.

Laufen (Ausschnitt vom Epitaph der Oberen Büchsenbruderschaft der Schiffleute von Laufen von 1702 im Laufener Kreuzgang, Foto: Sieghart Schwedler)

Hans Roth

Maria Euphrosina Kumberger, Bäckersfrau in Oberndorf zu Laufen, 1682–1756

Maria Euphrosina Kumberger, die 1735 ihre Sammlung von Koch- und Backrezepten anlegte, entstammte einer weitverzweigten Laufener Bäckers- und Müllersfamilie. Diese ist mit dem Bäcker Sebastian Kumberger (Kundtberger oder auch Gumberger) bis auf das Jahr 1638 zurückzuverfolgen, als er das Bürgerrecht erwarb, gefolgt 1645 von dem Bäcker Hans Kumberger. Beide mussten für die Einbürgerung 20 Gulden an die Stadtverwaltung entrichten, was im mittleren Bereich der sonst üblichen Aufnahmegebühren für das Handwerk lag. Ebenso waren der Nachweis der Verehelichung, der katholischen Religion und der Besitz eines Hauses, in dem das Gewerbe ausgeübt wird, zu erbringen. Gleich den Krämern, Webern, Schuhmachern und Lederern waren die Bäcker an kein bestimmtes Haus gebunden.

Im 17. und 18. Jahrhundert war das Laufener Bäckergewerbe auf elf Handwerksbetriebe beschränkt, um unliebsame Konkurrenz auszuschließen. Manche Bäcker betrieben noch zusätzlich eine Schiffmühle am Ufer der Salzach, um sich mit Mehl zu versorgen. Geregelt war der Verkauf dieses Grundnahrungsmittels durch das gemeinsame Angebot im städtischen „Brothaus“ neben dem Rathaus, womit die Gewichts- und Preiskontrolle der Waren gewährleistet werden konnte. Zusammengeschlossen waren die Bäcker von Laufen und den Vorstädten Oberndorf und Altach als Viertellade in der Salzburger Bäckerzunft. Die Zunft verfügte sogar über Grundbesitz vor dem Laufener Stadttor und über ein gemeinsames Grabgewölbe im Kreuzgang der Pfarrkirche. Auch mit ihren festlich begangenen Zunftjahrtagen und durch ihre Beteiligung an den Prozessionen trugen sie ganz wesentlich zur Gestaltung des profanen und religiösen Lebens der Stadt teil.

1735, als unsere M. Euphrosina Kumberger die Sammlung ihrer wohl selbst erprobten Rezepte anlegte, belieferten drei Kumberger Bäcker das Brothaus: ein Maximilian, ein Joseph und ein Simon. Letzterer verfügte sogar über drei Stände im Brothaus, neben dem eigenen noch zwei weitere, die Simon Kumberger offenbar erworben hatte, darunter den von Wolf Lechner. Also ein geschäftstüchtiger und wirtschaftlich handelnder Handwerker, der in der Zunft eine hervorgehobene Stellung einnahm. Auch wusste er sich zu behaupten bei einem Streit mit dem „Prugg-Müller“ Kaspar Stadler in Oberndorf wegen der Mühlbachreinigung und anderer handwerklicher Zwistigkeiten.

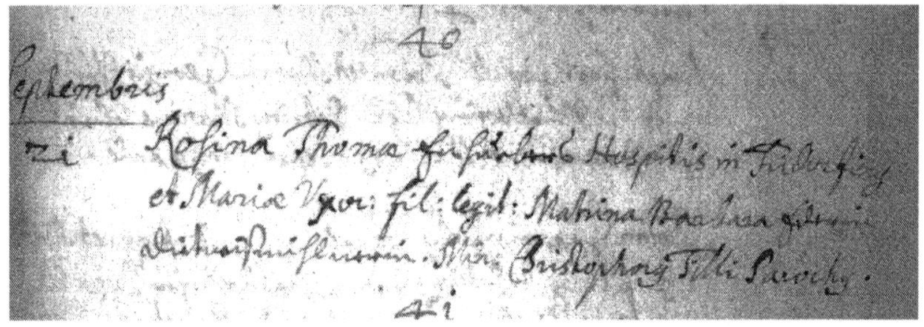

Eintrag aus dem Taufbuch in Fridolfing von 1682

Dieser aus Tittmoning zugewanderte Bäckersohn Simon Kumberger erwarb 1707 die aus zwei Anwesen bestehende Bäckerbehausung samt Garten oder Leiten des Wolf Lechner im Schiffervorort Oberndorf und das Jahr darauf das Bürgerrecht der Stadt um den geringen Betrag von 14 Gulden, was besagt, dass es sich wohl um einen bescheidenen Hausbesitz mit Werkstatt handelte. Dort befanden sich nur Holzhäuser mit gemauertem Fundament. Schon am 17. Januar 1708 heiratete er in der Laufener Stiftskirche die Rosina Enhuber; der Vorname ist eine Abkürzung für Euphrosina, die in den Unterlagen mehrmals als solche genannt wird.

Der Vater des Bräutigams war der Bäcker Vitus Kumberger von Tittmoning, die Mutter eine Margareta Stampfl. Und die Eltern der Braut: der Vater Thomas Enhuber (auch Edenhuber) ist der an der Fernstraße nach Passau gelegene Unterwirt in Fridolfing, der für die vorbeiziehenden Fuhrleute über Stallungen verfügte, die Mutter Maria ist eine geborene Wißmann.

Aus dieser Ehe gingen zahlreiche Kinder hervor, mehrere davon starben wie üblich schon im Kleinkindesalter. Aber die Mutter Euphrosina scheint nicht nur eine züchtige Hausfrau, sondern auch eine gute Köchin gewesen zu sein – entsprechend ihrer Herkunft aus dem stark frequentierten Fridolfinger Wirtshaushalt. Darüber schweigen sich allerdings die Akten aus, die keinen Einblick in den Haushalt der Familie gewähren. Immerhin dürfte sie am geschäftlichen Erfolg ihres Mannes nicht unbeteiligt gewesen sein.

Ende Mai 1743 übernimmt der 1714 geborene Sohn Simon von den Eltern die Behausung, samt nicht mehr betriebener Backstube in Oberndorf, führt sie weiter und erhält das Bürgerrecht ohne Taxe, weil er ein Bürgersohn ist. Über die anderen zwei Handwerksbetriebe und wo sie sich befanden, fehlen Hinweise.

Der Vater Simon Kumberger, bürgerlicher Bäcker und Müller in Oberndorf, stirbt am 4. April 1752 im Alter von 69 Jahren, dürfte also um 1683 in Tittmoning geboren worden sein. Seine Frau, ‚unsere' Euphrosina Kumberger, stirbt am 22. März 1756 als „Bäcker und Müllerin in Oberndorf", wie es im Sterbebuch der Stiftspfarrei Laufen heißt, im Alter von 74 Jahren; sie wurde im September 1682 in Fridolfing geboren. Begraben wurden beide im Bäcker- und Lebzeltergewölbe im Laufener Kreuzgang vor dem Eingang zur

Michaelskapelle. Dort befindet sich im spätgotischen Gewölbe ein barockes Fresko, das die Muttergottes als Patronin der Zunft und die Handwerkswappen der Bäcker und Müller zeigt.

Das Kochbuch der Maria Euphrosina Kumberger

Es ist hervorzuheben, dass sich eine Wirtstochter und Bäckersgattin zu der Zeit ein Kochbuch verfertigen ließ. Interesse an der Kochkunst ist ihr nicht abzusprechen. Ob sie tatsächlich die Rezeptsammlung eigenhändig verfertigte, lässt sich nicht nachweisen, es spricht viel für zwei Schreiber, und es könnte zu Teilen auch diktiert worden sein. Rosina Kumperger stand 1735 anfangs ihrer fünfziger Jahre. Sieht man die vorliegenden Daten an, so ergibt sich kein Zusammenhang mit einem Geburtstag oder einem Festtag; das Kochbuch fällt darum nicht in die Gattung der „Anlassbücher", die etwa anlässlich einer Hochzeit in Auftrag gegeben und als Geschenk übergeben wurden. Der Schluss liegt nahe, dass hier doch mit einer Freude am guten Essen zu rechnen ist, dass ein eigenes Kochbuch, mit dem Namen auf dem Titelblatt gewünscht war, sie stolz dieses Werk in Händen hielt. Es ist ihr durchaus etwas wert gewesen, denn das Papier, die Abschrift, das Binden mussten bezahlt werden, die aufgewendete Summe durfte nicht reuen. Das bedeutet aber auch, dass sich Rosina dieses Werk leisten wollte und konnte.

Rosina wird schon bei ihren Eltern in der Wirtshausküche im Unterwirt von Fridolfing das Kochen gelernt haben. Dort ist sie, nach Ausweis des Taufregisters, im September 1682 geboren. Der Unterwirt, die „Untere Taferne" war, mit „einem gietl", die kleinste von den damals fünf Fridolfinger Wirtschaften. Das jetzige frisch renovierte Haus stammt aus späterer Zeit. Ihre Mutter starb, als sie noch ein Kind war. Ihr Vater verheiratete sich 1692 zum zweiten Mal. Wir werden aus den ganzen Umständen schließen dürfen, dass Rosina als Jugendliche in andere Dienste irgendwo im näheren Umkreis trat. Sie lernte dann Simon Kumperger kennen und heiratete ihn mit 26 Jahren.

Sie dürfte im eigenen Haushalt in der Küche gestanden haben, auch wenn sie wohl über eine Küchenmagd verfügte, was damals in diesen Kreisen üblich war. Ihre Kochkenntnisse dürften allen Anforderungen des Alltags und wohl auch der gewöhnlichen Fest- und Feiertage genügt haben. Woher sie ihre Rezepte hatte, wissen wir nicht, da das Vergleichsmaterial aus anderen Kochbüchern nicht vorliegt. Die erhobenen Befunde deuten darauf hin, dass Rezepte gesammelt worden waren. Wieweit eigene, erprobte Rezepte in diese Sammlung aufgenommen worden sind, wird im Text selbst nicht deutlich ersichtlich; bei anderen Kochbüchern wird durchaus darauf hingewiesen. Denn das gelegentliche „ist gut" entspringt eher standardisierten Rezeptformeln. Ob und welche andere Sammlung oder ob ein Druck herangezogen wurde, bleibt offen. Es muss aber ein Muster oder eine Vorlage gegeben haben, denn die Anordnung der Rezepte mit süßen Speisen am Anfang des Kochbuches entspricht der älteren Systematik von Rezeptsammlungen. Auch die eher grobe Blockbildung, wobei zusammengehörige Speisen, wie etwa die Krebsrezepte, beieinander stehen, tritt auf. Die systematische Ordnung fehlt aber, es sind immer wieder andere Rezepte dazwischen gestreut. Eine Gliederung, wie sie in damaligen gedruckten, erst recht in heutigen Kochbüchern erscheint, mit Vorspeisen, Hauptgerichten, Nachspeisen fehlt völlig. Das Kochbuch beginnt mit Süßspeisen, bringt Fleischgerichte, Fischspeisen und gegen Ende wieder einen umfangreichen Teil mit Mehlspeisen, ehe dann ein Durcheinander einsetzt. Das dürfte von gesammelten Einzelrezepten stammen, die abgeschrieben wurden.

Rosina hatte also durchaus Ambitionen und Ehrgeiz und orientierte sich kulinarisch oberhalb ihres Handwerkermilieus. Der Stellenwert der Küche für das soziale Standing erscheint ihr klar geworden zu sein.

Der Haushalt

Auch hier müssen wir, angesichts des Quellenmangels über die Kumperger auf das Standardwissen über die Zeit zurückgreifen. Ein Haushalt der damaligen Zeit bestand aus fünf bis sechs Familienmitgliedern. Wegen der hohen Sterblichkeit war die Zahl der überlebenden Kinder gering, auch die Großeltern lebten gewöhnlich nicht mehr. Nach dem Tode eines Elternteils wurde rasch wieder geheiratet, wie sich auch an ihrem Vater erwies. Zum Haushalt gehörte noch das Gesinde. In städtischen Haushalten gab es eine Magd für die Kinder, eine für das Haus und eine für die Küche. Wir dürfen auch für den Haushalt der Kumbergers mit diesem Personalstand rechnen. Wie weit noch Bäckerlehrlinge und Gesellen im Hause wohnten und zu versorgen waren, wissen wir nicht, auch nicht, ob noch eine Ökonomie dazugehörte, die dann ebenfalls eigenes Personal erforderte.

Es war also täglich für mehrere Personen zu kochen. Rosina Kumberger konnte das, es wird aber von einer Magd erledigt worden sein. Darüber schreibt Marperger in seinem Dictionarium, das sich zwar an höhere Schichten wendete, doch die Problematik dürfte im Grunde gleich gewesen sein. Marperger verlangte von einer Küchenmagd, sie solle „des Kochen wohl erfahren, dabey reinlich, fleißig, unverdrossen, nicht zänkisch noch murrisch und ihren Frauen, ob sie gleich mehr als diese verstünden, wiederbellend seyn“. Es gäbe auch welche, die in ihren Kochkünsten „denen Manns-Köchen Trotz bieten“ könnten, weswegen sie dann nicht nur einen höheren Lohn bekämen als die Hausmägde, sie könnten auch „große Küchen dirigiren“ und für Hochzeiten, Kindstaufen und Bankette gegen Honorar zum Kochen gedungen werden.

Der Artikel gibt durchaus die Probleme der Zeit mit dem Personal wieder, die wir auch aus anderen Quellen, zum Teil aus Briefwechseln kennen. Eine gute Köchin zu finden und zu halten, war sichtlich schwierig. Eine größere Fluktuation scheint an der Tagesordnung gewesen zu sein. In den bürgerlichen Haushaltungen war zu dieser Zeit die Küche fest in weiblicher Hand. In den gehobenen Schichten des Adels und des Klerus, bei Hofe, waren männliche Köche im Einsatz, die eine entsprechende handwerkliche Ausbildung bis zum Meister durchliefern. Bei den Küchenmägden gab es eine derartige Ausbildung nicht, sie traten jung in Dienste und lernten das Kochen von der eigentlichen Küchenmagd, dienten sich hoch. Dabei sammelten sie Kenntnisse, welche oft die ihrer Arbeitgeberinnen übertrafen, was bei Konflikten oft zu Widerworten geführt haben dürfte, wenn angemaßte und reale Kompetenzen aufeinander trafen. Eine weitere Konfliktzone könnte darin gelegen haben, dass diese Mägde oft illiterat waren, also wieder lesen noch schreiben konnten, die Hausherrin dagegen schon. Wenn sich diese dann auch noch im Besitz eines Kochbuches befand, welches das entsprechende Wissen enthielt, konnte das eine Küchenmagd durchaus als Bedrohung empfinden.

Im alltäglichen Bereich dürfte der Speisezettel einem wöchentlichen Rhythmus gefolgt sein, der relativ unverändert beibehalten wurde. Diese Alltagsküche bildete die Routine und stellte vor keine größeren Anforderungen. Die Grundrezepte für diese Küche, einschließlich der gewöhnlichen Fast- wie Festtage lagen fest, sie wurden gewohnheitsmäßig reproduziert. An den Fest- und Feiertagen kamen größere Bratenstücke auf den Tisch, auch deren Zubereitung dürfte vor keine Schwierigkeiten gestellt haben. Der allergrößte Teil der Küchenarbeiten und -aufgaben ließ sich also mit dem Wissen und den praktischen Fertigkeiten der Küchenmagd gestalten. Dazu bedurfte es auch keines Kochbuches.

Angesichts dieser Umstände erklärt es sich, dass diese Kochbücher nicht in der Küche lagen, und auch nicht alltäglich genutzt wurden. Das Kochbuch befand sich im Besitz und in der Obhut der Hausherrin. Sie war in der Lage, ein Rezept zu suchen und zu lesen, die Zubereitung freilich wieder fiel oft genug in die alleinige Kompetenz der Küchenmagd.

Das Ernährungssystem

Über den Haushalt und die Ernährungsgewohnheiten verfügen wir über keine Informationen, darum müssen wir uns auch hier wieder mit anderer zeitgenössischer Überlieferung zu den Speisegewohnheiten begnügen. Zur damaligen Zeit gab es in diesen Kreisen weder Kaffee noch Tee oder Schokolade zum Frühstück. Das waren so teure Luxusprodukte, dass sie nur dem Adel und dem ganz reichen Bürgertum vorbehalten blieben. Stattdessen gab es für gewöhnlich Milchsuppen, in die Brot eingetaucht wurde, was im Falle der Kumpergers mit ihrer Bäckerei ohnehin nahelag. Die weitere Ernährung basierte auf einem hohen Anteil von Brot, an Gemüse gab es das, was im eigenen Garten wuchs oder in der Umgebung des Wohnortes und auf den Markt in Laufen gebracht wurde. Darunter fielen die einfachen Gemüsespeisen, aus Erbsen und Bohnen, Kraut und Rüben, Kohl und dergleichen.

Die Zubereitungen waren bekannt und alltäglich. Wie weit Fleisch auf den Tisch kam, wissen wir nicht, gewöhnlich überwog damals in dieser Gegend die Mehlspeisenküche. Das zeigt sich auch an dem hohen Anteil derartiger Gerichte im Kochbuch. Fleisch dürfte verzehrt worden sein, wahrscheinlich eher Schweinefleisch. Ob die Kumpergers über die obligate „Bäckersau" verfügten, wissen wir nicht, sie dürfte aber als Resteverwerter anzunehmen sein. Das hätte die Fleischversorgung auf eine bessere Basis gestellt. Die Zubereitung von Würsten und Braten war übliche Küchenpraxis, die nicht eigens Eingang in ein Kochbuch finden musste. So erklärt sich auch das Fehlen von Schweinebraten und Produkten aus Schweinefleisch im Kochbuch relativ einfach. Die aufgeführten Gerichte waren, mit Ausnahme einiger Mehlspeisen, eher Besonderheiten, die sich für Festtage eigneten.

Wir wissen auch nicht, wie viele Gerichte jeweils auf die Tafel kamen. Einer Abbildung aus dem Frauenzimmer Lexikon von 1715, wie auch aus anderen Quellen, ist zu entnehmen, dass jeweils zu den Hauptmahlzeiten mehrere Gerichte serviert wurden. Inwieweit dies auch im Handwerkermilieu und in diesem Kulturkreis üblich war, kann nicht gesagt werden. Es wird allerdings bereits eine gewisse Differenzierung zu dem in der bäuerlichen Lebenswelt verbreiteten gemeinsamen Essen aus einer Schüssel gegeben haben. Ob allerdings jeweils auch 3, 4 oder noch mehr Speisen zugleich auf den Tisch kamen, darf bezweifelt werden. Die damalige Speiseordnung in höheren Kreisen sah dies jedenfalls vor. Das an der französischen Mode orientierte Servicesystem verlangte, dass alle Speisen gleichzeitig auf den Tisch gesetzt wurden, also Vorspeisen, die Hauptgerichte und Nachspeisen – nach unserer Kategorisierung. Der Vorteil war, dass man sich nach Belieben bedienen konnte und nicht unbedingt des Personals bedurfte, der Nachteil bestand darin, dass die Speisen erkalteten, da wir nirgends davon hören, dass etwa die Hauptgerichte auf einem Rechaud standen. Als Arbeitshypothese können wir davon ausgehen, dass zumindest an Sonn-, Feier-, und Festtagen ein solches Speisesystem gepflogen wurde. Die im Kochbuch enthaltenen Gerichte lassen sich ebenfalls in eine solche Ordnung bringen, wie es das Frauenzimmer-Lexikon vorsieht. Nachdem das System allgemein bekannt war, dürfte es wohl auch hier zu besonderen Gelegenheiten angewandt worden sein.

Die Küche: Lage und Ausstattung

Das Aussehen von barocken Küchen und ihre Ausstattung lässt sich zum einen aus Kupferstichen erkennen, die zeitgenössischen Kochbüchern, oft als Titelbild beigegeben waren, zum anderen gibt es noch einige Küchen in Museen. Die Lage der Küche im Hause hing von lokalen Bautypen wie individuellen Bauplänen ab, dazu von der sozialen Schicht. Im vorliegenden Fall wohnte die Familie, wie wir erschließen können, in einem eher einfachen Gebäude aus Holz. Die Küche befand sich beim Bautyp des Inn-Salzach-Hauses in einem kleinen Raum in der Nähe des Eingangsbereiches oder des

Stiegenhauses. Da sich gewöhnlich im Erdgeschoss Ladenlokale oder Werkstätten, Lagerräume, Magazine oder dergleichen befanden, die Wohnung im ersten Stock lag, war auch dort die Küche eingerichtet. Bei mehrstöckigen Häusern konnten sich in den oberen Stockwerken noch weitere Wohnungen zur Vermietung oder Räume für das Personal befinden.

Jedenfalls gibt es eine Differenzierung zwischen den Küchen in Bauernhäusern, die zu dieser Zeit noch über eine finstere „Rauchkuchel", gewöhnlich im „flez", also dem Eingangsflur, verfügten, über die des Bürgertums bis hin zu den Küchen beim Adel, die bei schlossartigen Anlagen in einem eigenen Gebäude untergebracht waren, um Feuergefahr zu bändigen und Geruchsbelästigungen fern zu halten. Eine andere Möglichkeit bestand darin, die Küche im Kellergeschoss einzurichten, das üblicherweise steingewölbte Decken enthielt.

Die Küche einer bürgerlichen Familie, wie wir sie Hausgrundrissen entnehmen können, bestand aus einem nicht sehr großen, gewöhnlich schlecht belichteten Raum, mit dem Ofen darin und einem Arbeitstisch zur Vorbereitung und Bearbeitung der Lebensmittel. In jedem Fall dürfte noch ein kühler Keller vorhanden gewesen sein, um Lebensmittel zu lagern. Diese Räu-

Wels, Rauchküche
aus: Das Bürgerhaus im Inn- und Salzachgebiet v. Max Bernhard Schuster S. 28

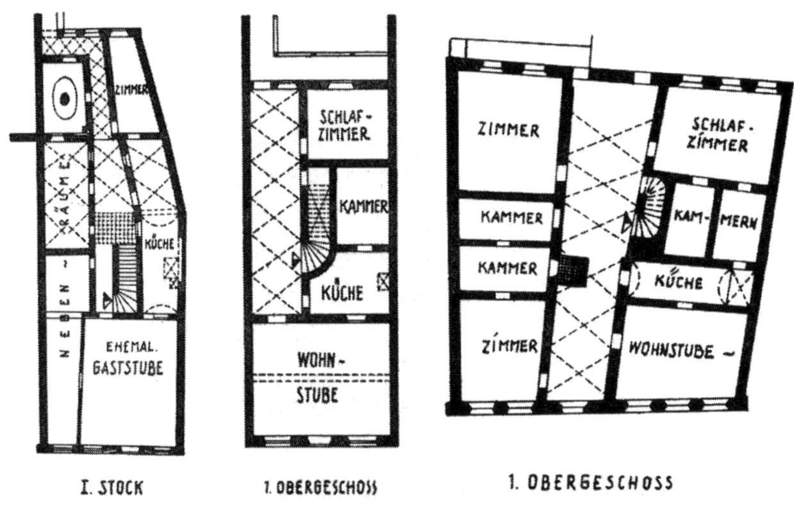

Grundriss mit Küche, Mühldorf, Haus am Stadtplatz, Das Bürgerhaus S. 30,:
Grundriss mit Küche, Mühldorf, Haus Stadtplatz 67, Das Bürgerhaus S. 32,
Grundriss mit Küche, Mühldorf, Haus an der Weißgerbergasse 19/21, Das Bürgerhaus S. 34

me erscheinen in Rezepten, wenn etwa fertig gestellte Gerichte temperiert aufbewahrt werden sollten.

Der „Idealtyp" einer Küche für eine reichere bürgerliche Familie dürfte aus einem Raum mit dem Ofen bestanden haben, aus einem zweiten Raum zur Vorbereitung und Bearbeitung der Lebensmittel. Dazu kam noch eine Speisekammer wie sie Marperger (S. 1124–1127) in seinem Küchenlexikon ausführlich beschreibt. Die Speisekammer sollte in der Nähe der Küche liegen, mit Regalen und Schubkästen samt -laden versehen sein, etwa um darin Linsen, Erbsen, Hirse, Reis und Mehl zu lagern. In Zinn- oder Holzbüchsen sollten der gestoßene Zucker und gemahlenes Gewürz aufbewahrt werden, die Butter in zinnernen oder irdenen Tiegeln, so auch das Schmalz. Die größeren Mengen an Fetten sollten im Keller gelagert werden. Ferner sah er vor, dass dort diverse Gemüse wie Karotten, Spargel, Artischocken, dazu Kräuter, wie Majoran, Salbei und Rosmarin lagern sollten. In die Speisekammer gehörten ferner ein gutes Schnittmesser, eine Gewürzmühle, Rollhölzer und auch die Backformen. Ferner sollte dort eine gute Waage stehen. Auch das benötigte Salz konnte von dort geholt werden und auch die Kerzen. Oben im Gewölbe sollten Haken oder Ringe eingemauert sein, um hölzerne, mit grobem Tuch überzogene Gehäuse aufzuhängen und darin Brot, Käse und Butter vor Mäusen und Ratten zu sichern und auch Fleisch, Zungen oder Schinken aufzuhängen. Der Keller war für die Lagerung von Wein, Bier und Obst vorgesehen (S. 608).

In der Küche selbst dominierte der Herd. Üblicherweise war dieser aus Ziegel aufgemauert, hüfthoch und etwa 1,5 m. breit und weniger tief. Er verfügte über eine ebene Oberfläche, auf der das Kochfeuer brannte. Drei Seiten waren zugänglich, die vierte Seite schloss sich an eine Wand an, über der die Kaminöffnung lag; der Rauch zog über eine große Haube ab, die gewöhnlich über die ganze Feuerstelle auskragte. Aus Brandschutzgründen war die Haube gemauert oder aus Flechtwerk, mit einer dicken Lehmschicht abgedeckt. Gewöhnlich wies der Herd unten eine Öffnung auf, um dort Feuerholz auf Vorrat einzulagern. Zu dieser Zeit wurde überwiegend mit Holz geheizt, was größere Vorräte bedingte. Auch Holzkohle und Kohlen werden erwähnt, beides kam teurer. Der große Holzbedarf stellte in manchen Gegenden, weniger freilich in unserer, vor Lieferungsprobleme, die ihrerseits wiederum zu einem Preisanstieg und zugleich zu ökologischen Problemen führten.

Auf der Herdfläche wurde das Feuer unterhalten. Hierbei kam es darauf an, eine geeignete Glut zu erzielen, mit der die Nahrung in den Töpfen und Pfannen zubereitet werden konnte. Das setzte beim Küchenpersonal die Fähigkeit voraus, die Temperatur und die Zubereitungsdauer abschätzen zu können. Vor „anbrennen" wird oft gewarnt. Neben diesen einfachen Öfen gab es bereits solche, die, von unten beheizt, in der Herdplatte Öffnungen aufwiesen, in welche entsprechende Gefäße eingesenkt werden konnten. Dies ist die Vorform des späteren Sparherdes, der ab etwa 1800 mit einer eisernen Platte samt Einsatzringen versehen war. Diese ließen sich unterschiedlich herausnehmen, um größere oder kleinere Töpfe einzusetzen. Diese Herdkonstruktion ermöglichte es, an einer Seite eine Art Backrohr einzufügen, und auch ein blechernes Wasserschaff einzubauen, um immer warmes Wasser zur Verfügung zu haben. Wenn hier ein Pastetenofen (Rezept 93) erwähnt wird, also ein kleiner Backofens entweder im Herd oder eigens in einer Wand beim Kamin eingelassen, dürfte ein solcher in einem Bäckerhaushalt nicht vorhanden gewesen sein. Im übrigen kann man sich einen Pastetenofen wie einen kleinen Pizzaofen „beim Italiener" vorstellen.

Die Kumpergerin wird demnach über eine kleine Küche in ihrem Haus in Oberndorf verfügt haben. Auch die Ausstattung dürfte eher das Nötigste als großen Luxus enthalten haben. Die offene Feuerung ließ die Hitze abstrahlen, zudem gab es noch die Rauchentwicklung, beides sorgte für eine hohe gesundheitliche Belastung des Personals. Durch die Verwendung offener Heiz- und Lichtquellen, wie Kerzen und Späne, wurden die Augen in Mitleidenschaft gezogen, weswegen sich auch die zahlreichen „Augen-Brünnlein" bei Wallfahrtsstätten erklären.

War die Küche im Erdgeschoss oder im Keller, konnte dort eine Wasserpumpe installiert sein. Das Schmutzwasser wurde über einen Ausguss gewöhnlich direkt in den Hof geleitet, wo es entweder gleich versickerte oder über eine Rinne abgeleitet wurde. Auf gute Qualität des Wassers wurde Wert gelegt. Man versuchte, gutes und frisches Wasser, am besten aus einer fließenden Quelle, die in einem Brunnen gefasst werden konnte, zur Verfügung zu haben. Abgestandenem, schlecht riechendem Wasser misstraute man, hatte freilich zur damaligen Zeit noch keine Ahnung von dessen bakterieller Verschmutzung. Das Grundwasser war häufig kontaminiert, wenn Abtritt und Wasserpumpe zu nahe beieinander lagen.

Gerätschaften

Den Rezepten zufolge wurde eine reichliche Ausstattung mit Gerätschaften vorausgesetzt. Ob all diese in der Küche der Kumpergerin vorhanden waren, ist zu bezweifeln. Für das Kochen und Braten auf dem Herd wurden verschiedene Pfannen und „Pfandl" verlangt. Gebraten wurde gewöhnlich in einer „Rein" oder einem „Reindl", welche tief oder weit sein konnten. Auch von weiten „Hafen" ist die Rede. Die „Haferl" bilden eine Familie mit den „Degln", die mehrfach erwähnt werden. Man kann also von einem „Set" von diversen Töpfen ausgehen, die flacher oder höher, weiter oder kleiner waren – im übrigen ganz wie heute. Gleiches gilt auch für die Pfannen, die oft und in unterschiedlichen Größen erwähnt werden. Bei Pfannen ist manchmal das Material angegeben, gewöhnlich dürften sie aus Eisen gewesen sein, es werden aber auch solche aus Messing und Kupfer erwähnt. Dieses Koch- und Bratgeschirr wurde häufig auf einem eisernen Dreifuß über die Glut gestellt. Dazu kamen noch diverse Deckel. Vor allem sind hier die Glutdeckel zu erwähnen, auf deren besonders geformte Oberfläche die Glut kam, um dadurch den Effekt einer Oberhitze zu erzielen.

Neben diesem Geschirr werden noch „Modl" und „Khösterl" erwähnt, Formen, in die Teig gefüllt wurde. Zum Backen dienten ferner Bleche, dazu ein Blechreif, um den Teig zusammenzuhalten. Erwähnt sind ferner Formen für den Teig, darunter eine Blechbüchse für die „Büchsenkrapfen", Waffeleisen und eine Tortenpfanne, eine Teigrolle, ein Nudelwalker und eine weitere Holzrolle. Umgerührt wurde mit Kochlöffeln, dazu gab es kleine und größere Schöpflöffel.

Zur Vorbereitung und Bearbeitung der Lebensmittel wurden verschiedene Schüsseln benutzt, wahrscheinlich aus Irdenware. Diese Schüsseln dienten zum Umrühren, manche wohl auch als Backformen. Auch hier wird unterschieden in gewöhnliche, tiefe und weite Schüsseln. Daneben gibt es solche aus Zinn und auch aus Blech. In zinnernen oder glasierten Schüsseln wurde serviert. Als wichtiges Gerät zur Zerkleinerung der Zutaten diente ein Mörser mit Stößel, in dem die Gewürze, aber auch Krebse und sonstige Zutaten zerkleinert wurden; ein Mörser ist in gewisser Weise der Vorläufer eines heutigen Mixers.

In den Rezepten finden sich eine Menge weiterer Küchengerätschaften: unterschiedlich große Siebe, einige bespannt mit Draht, andere mit Pferdehaar. Flüssigkeiten konnten durch die entsprechende Tücher passiert werden, andere dienten dazu, Teig einzufüllen und diesen dann im kochenden Was-

672 Küch. Küch.

Prang-Küche nur immer in ihrem Esse bleiben möge. Hieher gehören auch die Garten-Küchen/ die gemeiniglich nur mit Porcelain oder steinern Schüsseln und andern Geräthschafften versehen seyn / weil in solchen Lust-Gärten des Sommers Zeiten nicht so wohl auf warme Speisen / als auf Frucht-Collationes gesehen wird.

Gahr-Küchen/ vom Gahrkochen der Speisen also genannt / seynd fast in allen Städten und Flecken ordentlicher / und auf grossen Messen und Jahr-Märckten ausserordentlicher Weise zu finden / da ein jeder gemeiner Einheimischer / oder auch frembder Reisender hingehen / und sich vor ein oder etliche Groschen Essen/ an gesottenen und gebratenen Fleisch/ Zugemüse/ Fischen und Salat kan langen lassen. Dergleichen Küchen werden auch offt bey Vogel-Schiessen oder andern Bürgerlichen Lustbarkeiten/ aussen vor der Stadt auf einen schönen Platz aufgeschlagen/ und etwan von einen Traiteur aus der Stadt dergestalt mit Speisen und Getränck versehen / daß so wohl Geringe als Vornehme vor wenig und viel Geld darinn/ so gut als in der Stadt im besten Wirths-Hause/ können accommodiret werden.

Küchen-Garten / wird derjenige genennet / in welchen allerhand eßbahre Küchen-Kräuter/ auch wohl solche/ aus welchen man nützliche Wasser brennen und destilliren kan / gepflantzet werden/ und seynd die in denen Lust-Gärten das Aug delectirende Blumen/ wie auch kostbahren Orangerien/ und die Medicinalische Kräuter der Medicinischen Gärten davon ausgeschlossen; Einen solchen Küchen-Garten leget man gemeiniglich hinter oder auf denen Seiten der Lust-Gärten/ sonderlich bey Hoffhaltungen an / damit man sogleich das Benöthigte in der Küchen / daraus langen und haben könne.

Küchen-Geräth oder Geschirr/ *Vasa Culinaria*, Fr. *Batterie de Cuisine*, solche sind entweder Silberne/ Meßinge / Zinnerne / Küpfferne / Eiserne oder Höltzerne / worzu auch das Porcelain-Geschirr kan gerechnet werden.

Von Silber hat man gantze Services, sonderlich aber Thée- Caffé- und Choquelade-Kannen.

Das Zinn-Werck bestehet aus Hand-Becken / und dazu gehörigen Gieß-Kannen/ allerlerley Gattungen/ von groß und kleinen/ flach und tieffen Schüsseln / Braten-Tellers/ gemeine und auch nach jetziger neu-erfundenen Art (mit Eingiessung warmen Wassers) sehr bequeme Wärm-Tellers/ allerhand Becken/ Fisch- u. Schwanck-Kessel/ Kannen / Krüge und Flaschen/ unterschiedliche Art Leuchter/ Schüssel-Ringe/ Saltzfässer / Pasteten-Bleche und Thée-Kannen.

Von Messing hat man grosse und kleine Mörser / mit ihren Stämpfeln/ Leuch-

Küch. Küch. 673

-chter und Putz-Scheeren / Kessel und Pfannen / Glut- und Wärm-Pfannen.

Von Kupffer / Wasser-Töpffe/ Häfen / inwendig wohl-verzinnte Koch-Häfen und Stutzen/ Schwanck-Kessel / Fleisch-Töpffe / Durchschläge oder Seyher / Salat-Sieblein/ Spiel-Standen / Brat-Pfannen/ Mehl-Kübelein / Multerlein / Kohl- und Glut-Pfannen / Bet-Wärmer/ Torten-Pfannen / Schärtlein zu kleinen Pasteten / und allerley Back-Werck / grosse und kleine Becken / die Butter-Kuchen darinnen zu backen/ Schüsseln und dergleichen / welches alles inwendig wohl verzinnet ist. Zu geschweigen / daß die meisten Ausgüsse und Röhren in vielen Häusern aus Kupffer bestehen.

Das Eiserne Kuchen-Geräthe begreifft unter sich Bräter oder Braten-Wender / welche seynd / entweder Feder-Bräter oder Zug- und Gewicht-Bräter / samt denen darzu gehörigen / wie auch allerley Arten Hand-Spiessen also genannt / weil man sie mit der Hand umdrehet ; An theils Orten werden auch die Bräter von den Hunden umgetrieben; Man hat ferner von Eisen-Werck in denen Küchen die Brat-Pfannen und gemeine Pfannen / item Glut- oder Kohl-Pfannen / Schüssel-Ringe / gemeine und aufgebogene Stürtzen zum Abbräunen / Röste / tieffe Treiff-Löffel/ löchrichte Faim-Löffel/ flache löcherichte Back-Löffel / Fisch-Reissen / Hack-Messer/ Fleisch-Parten/ Brat-Würste-Zänglein / Fisch-Schäuflein / Butterstecher / Spick-Nadel / Leuchter und Licht-Schneutzen/ Feuer-Zeug/ Feuer-Zangen / Feuer-Hacken/ Pfannen-Knecht / Dreyfuß/ Ofen-Gabeln/ Ofen-Schäuffelein.

Von Holtz-Werck / Koch-Löffel/ Hackbret/ Teller / samt den dazu gehörigen Gestell / tieffe Schüsseln/ allerley Fleisch- und Fisch-Bretter / Multern/ Back-Trog / Gewürtz-Büchsen/ Spül-Standen/ Ständlein/ Kehrig-Faß/ Kehrwisch und Kehrig-Schauffel / Ofen-Rohr/ allerhand grosse und kleine Zubers und Kübelein/ das Mehl/ Grütze/ Perlen-Graupen nnd truckene Früchte darinnen zu bewahren. Vide ein mehres unter dem Worte Koch.

Küchen-Junge/ wird in grossen Hoff-Küchen aufgenommen/ den Koch mit Wasser holen / Holtz und Kohlen zutragen / Feuer machen; auch so er künfftig die Koch-kunst lernen soll / mit Hüner / Haasen / und andern Braten zu spicken/ an die Hand zu gehen.

Küchen-Kräuter/ Herbæ Culinariæ. Unter solchen können auch Wurtzeln/ Saamen und Früchte verstanden werden; Von denen ersten geschiehet unter dem Worte Wurtzeln Meldung. Unter denen Saamen zehlen wir billich auch den Coriander und Kümmel / welche beyde zu allerhand Brühen und Brodt-Backen / inglei-

Qqqq chen

Marperger Dictionarium „Küchengeräth" S. 672f.

ser zu sieden, in der Art der böhmischen Knödel. Es fehlen nicht weitere Gerätschaften: Kochmesser, Scheren, Arbeits- und Schneidebretter, Gläser zum Einmachen oder zum Aufbewahren von Flüssigkeiten.

Zu den bevorzugten Zubereitungsarten gehörte, was man heute unter Grillen versteht; über der Glut wurde Fleisch oder Fisch gebraten. Dazu bedurfte es eines Rostes, der in vielen Rezepten erscheint, ferner gab es Bratspieße, und eine kleinere Variante davon: den Vogelspieß. Papier sollte empfindliches Bratgut schützen, dies wurde darin eingeschlagen und mit Bindfaden zugebunden. Teller aus Ton, Holz oder Zinn fehlen nicht, um Speisen abkühlen zu lassen, Schüsseln zuzudecken oder Speisen aufzutragen. Es muss noch ein Brett vorhanden gewesen sein, mit einem passenden Stein, um Gerichte entsprechend zu beschweren.

Dies ist eine Liste, wie sie aus den Rezepten direkt hervorgeht. Eine solche Liste bringt auch Marperger. Sie ließe sich trefflich als Hochzeitsliste verwenden, um all die Gerätschaften für einen gehobenen Haushalt anzuschaffen. Damit dürfte auch der größte Teil dieser Arbeitsmaterialien erfasst worden sein, aus Bildern und sonstigen Texten freilich ist noch zu erschließen: ein Wasserschaff, um abzuspülen, Behälter, etwa Tonkrüge für Wasser. Überhaupt fehlt der ganze Bereich der Irdenware, die wahrscheinlich in den Rezepten nicht erwähnt wird, weil sie als selbstverständlich vorausgesetzt wurde und nicht speziell für die Herstellung eines Gerichts vonnöten war. Auch was sonst noch in einer Küche notwendig war, erscheint nicht: die Besen, die Topfreiniger, Wisch- und Trockentücher.

Das eigentliche Tafelgeschirr gehört nicht in den Bereich der Küche und wurde auch hier nicht aufbewahrt. So fehlt dies in den Kochbüchern. Auch alles was zur Tafeldekoration zählte, geht nicht aus den Rezepten dieses Kochbuchs hervor.

Alles das muss nicht besagen, dass diese Gerätschaften tatsächlich in der Küche vorhanden waren. Aber um die Rezepte zu bereiten, bedurfte es zumindest einer Grundausstattung; und diese lässt sich aus den Rezepten entnehmen.

So kann eine Auswertung aus den Rezepten eines Kochbuchs ihrerseits einen Beitrag zur materiellen Kultur leisten. Hier verfügen wir über eine Quelle, die die Küchenausstattung eines gehobenen bürgerlichen Haushalts widerspiegelt.

Das Kochbuch

Aufbau und Inhalt

Die Handschrift enthält 285 Rezepte. Davon entfallen ca. 100 auf Mehl- und Süßspeisen; ca. 50 auf Fleisch- und ungefähr ebenso viele auf Fischgerichte. Zu letzteren werden die vielen Zubereitungen für Krebse gerechnet, zu ersteren die für Schnecken. Rezepte für Saucen gibt es ein gutes Dutzend und ungefähr ebenso viele für Suppen. Gerade bei den Suppen täuschen die Überschriften. Diese sind, heutigem Verständnis nach, vielmehr Saucen. Diese werden gewöhnlich zu Braten gereicht, doch zu diesen fehlen die Rezepte. Die Erklärung dürfte darin liegen, dass deren Zubereitung keiner spezifischen Anleitung bedurfte, das Wissen vorhanden und deswegen nicht zu verschriftlichen war. Explizit auf Fastenspeisen wird kaum hingewiesen, nach damaligen Verständnis zählten die Mehlspeisen und Fischgerichte dazu, etwa die Hälfte der Rezepte also. Auf „gesunde" Kost wird vereinzelt eingegangen; auf Krankenkost gibt es nur ganz wenige Verweise, einmal explizit gegen Fieber (184), für diätetisches Gedankengut überhaupt keinen.

Eine klare Ordnung oder systematische Gliederung nach Speisenfolge, Zutaten, Verwendungszweck oder anderen Kriterien, wie sie heute in den Kochbüchern die Norm ist, fehlt. In der Handschrift finden sich jedoch Gruppen von Suppen, Wild- oder Fischgerichten oder Mehlspeisen zusammengestellt, jedoch von anderen Rezepten durchbrochen. Wie bereits gesagt, folgt die Handschrift noch der älteren Anordnung von Kochbüchern und beginnt mit Süßspeisen. Diese bilden auch den größeren Abschlussteil des Kochbuchs.

Angaben, für wie viele Personen ein Rezept berechnet ist, fehlen. Mengenangaben sind durchaus vorhanden, aber für gewöhnlich ungenau formuliert; manchmal ist etwa die Zahl der Eier angegeben, aber nicht die Mehlmenge. Selbst zählbare Zutaten wie Semmeln oder Limonen werden manchmal nur allgemein als Bestandteil aufgeführt. Bei Maßen und Gewichten werden unterschiedliche Systeme benutzt. Dies dürfte daraus resultieren, dass Rezepte aus verschiedenen Zeiten und Regionen in die Sammlung aufgenommen wurden. Die für die damalige Zeit und Region maßgeblichen Einheiten sind in einem eigenen Teil hier angegeben.

Die Zeitangaben fehlen häufig oder fallen ebenfalls ungenau aus: Rührzeiten betragen öfters eine halbe oder eine ganze Stunde, häufiger wird verlangt, so lange zu arbeiten, bis ein bestimmter Zustand oder Beschaffenheitsgrad des Produkts erreicht worden ist.

Aus all dem lässt sich schließen, dass das entsprechende Wissen um die rechte Zeit und die passende Konsistenz einer Speise (Teig, Suppe, Brühe, Sauce etc.) vorausgesetzt wurde, dazu praktisches Wissen und ausreichende Erfahrung. Beides bedurfte es auch, angesichts der jeweiligen, durchaus schwankenden Qualität der Zutaten (z. B. der unterschiedlichen Ausmahlung von Mehl, der Größe der Eier etc.). Die Garzeiten konnten je nach verwendetem Brennmaterial und dessen Glutbildung (Holz, Kohle, Holzkohle) variieren und waren darauf abzustellen.

Die Rezepte

Die damaligen Bezeichnungen decken sich nur noch grob mit unserem heutigen Verständnis. Unter den Suppen sind heute zum Teil Saucen zu verstehen. Dies gilt auch für „brie", was Brühe, auch Suppe oder Sauce meinen kann. Was unter „dorten" firmiert, kann Kuchen, Strudel, Tarte, einen süßen Auflauf, deftige Pasteten oder quicheähnliche Backwaren meinen, im Grunde alles, was in einer „Tortenpfann" gebacken wird. Auch „mus" und „koch" sind nicht auseinanderzuhalten. Maier-Bruck versuchte das zwar, wonach im Salzburgischen unter „koch" ein Brei zu verstehen sei und unter „Mus" eine Art von Mehl-/Schmarren (Lande, S. 327); doch in der Handschrift lässt sich so nicht differenzieren. Ein „stritzel", gewöhnlich ein geflochtenes Gebäckstück, kann hier ein Zusammengerolltes, auch aus Pfannkuchenteig, mit einer Fülle bedeuten.

Die Begriffe sind noch fließend und noch nicht so stark kategorisiert und kanonisiert, wie dann im 19. Jhd. So ist bei jedem Rezept wirklich genau zu fragen, was unter der Bezeichnung tatsächlich verstanden wird. Vorkommende Bezeichnungen wie „auf französische, polnische, welsche, wienerische Manier", lassen sich auf keine eindeutige Zubereitungsart festlegen. Dies zeigt sich exemplarisch an Speisen, die etwa in dem Kochbuch auf französische Weise zubereitet werden sollen. Sie weisen ganz unterschiedliche Methoden auf. Namen von Gerichten scheinen zwar über regionale Herkunft oder über die Herkunftszuweisung Auskunft zu geben. Doch dies ist hier eher als bloßer Rezepttitel zu verstehen, auf alle Fälle aber noch weiter im Vergleich zu untersuchen.

In den Rezepten sind öfters wesentliche Bestandteile weggelassen, manchmal sogar die Hauptzutat, nach der das Gericht benannt wurde. So fehlen etwa bei Hollerküchel die Blüten, bei Griesmus der Gries. Auch Zubereitungsschritte sind nicht vollständig genannt. Eine Erklärung könnte darin liegen, dass das Grundwissen für die Zubereitung vorhanden war und hier nur eine Variante festgehalten wurde.

Aus dieser doch erheblichen Lückenhaftigkeit der Rezepte sollte nicht auf Ungenauigkeit bei der Abschrift oder Fahrlässigkeit bei den Rezepturen, sondern auf die spezifische Expertise der Adressatin geschlossen werden. Was im Grunde bekannt war, musste nicht notiert werden. So richtet sich dieses Kochbuch an keine Anfängerin.

Eine genaue Analyse der Rezepte weist ihren durchaus systematischen Aufbau nach. Zunächst wird die Vorbereitung des Produktes beschrieben: Hühner etwa sollten geputzt und zerteilt, die Einzelteile gewaschen, die Leber entnommen und klein gehackt werden. Es folgen die Hinweise für die Weiterverarbeitung, etwa das Spicken des Schlägels oder das Bestreuen mit Mehl. Danach erfolgt die Angabe der Garmethode: Einlegen des Fleisches in kochende Brühe oder braun rösten in heißer Butter, „grillen" auf dem Rost. Auch der nächste Schritt, die Fertigstellung des Gerichts findet sich, „gilben", also mit Safran gelb färben oder mit Eigelb, mit Zitronensaft beträufeln oder mit Zitronenscheiben belegen, eine Zimt- oder Weichselsauce darüber geben, dann kommen die Details für das Anrichten auf Schüsseln und Tellern, beschlossen vom Hinweis, es so auf die Tafel zu geben.

Wo es notwendig schien, werden einzelne Arbeitsschritte auch sehr detailliert beschrieben. So etwa, in welchem Gefäß (irden, messing) zu garen und was dabei zu beachten sei, dass es sich nicht „anlegt", nicht aus der Form geht. Auch die einzelnen Arbeitsgeräte, etwa die Rührlöffel oder -schüsseln oder die spezifischen Siebe treten in diesem Kontext auf.

Die Arbeitsanweisungen, selbst wenn unvollständig und in unsystematischer Reihenfolge, lassen sich im Allgemeinen gut nachvollziehen, wenn man sich in die Rezepte und ihr spezifisches Vokabular eingelesen hat. Manche Hinweise erscheinen fürsorglich, wenn etwa extra darauf hingewiesen wird, dass die Form „um ein kleines fingerl leerer" gelassen wird, damit der Teig beim Backen nicht übergeht.

Bei einer heutigen „Archäologie", also der direkten Umsetzung eines Rezeptes, wie dies in Textform vorliegt, ohne weitere Zutaten oder nur nach den angegebenen Arbeitsschritten ist darum der Misserfolg vorprogrammiert. Wie wir in der Arbeitsgruppe in mehreren Versuchen ausprobierten, führen solche fehlenden Bestandteile etwa dazu, dass eine Pastete keine Bindung aufweist, sondern eine bröselige Konsistenz, oder statt Mandeltorte nur Brocken aus dem Ofen kommen. Dies betrifft auch Saucen und die meisten anderen Gerichte. Es gilt sich also darum zu verhalten, wie eine kompetente Köchin der damaligen Zeit, die mit den fragmentarischen Angaben zurande kam und sie aus ihrem Wissen heraus zu ergänzen wusste.

Für die Rekonstruktion braucht es also ein ganz analoges Vorgehen und das entsprechende Küchenwissen. Fehlende Angaben müssen erschlossen und in die Rezeptur eingebracht werden. Dies freilich eröffnet auch einen großen Spielraum für neue Interpretationen.

Mit solchen Kompetenzen lässt sich der allergrößte Teil der Rezepte ohne besondere Schwierigkeiten ausführen. Das gilt auch, wenn nur Variationen beschrieben worden sind. Der Komplexitätsgrad der Rezepte ist nicht so hoch, dass sie von geübten Köchinnen nicht zu bewältigen gewesen wären.

Auch die wenigen enthaltenen Schaugerichte stellten nicht vor unüberwindbare Schwierigkeiten. Waren die Zutaten und die Küchenausstattung vorhanden, sollte der Umsetzung der Rezepte nichts im Wege gestanden sein.

Zubereitungsarten

Alle heute gebräuchlichen Zubereitungsarten waren damals bekannt und nach Ausweis der Rezepte in Verwendung. So finden sich für die Garmethoden bereits differenzierte Bezeichnungen. Die Begriffe „Kochen" und „Sieden" treten sehr häufig auf. Fleisch wird oft in mehreren Schritten zubereitet: zunächst nur übersotten, diese Flüssigkeit wird dann abgegossen, das Fleisch danach in einer Pfanne angebraten, um Röstaromen zu bekommen, abschließend in Wein oder einer Brühe fertig gegart. Auch „dünsten" und „dämpfen" werden erwähnt. Fleisch und Fisch kommen auf Spieße oder auf den Rost und werden dort gebraten. Braten war überhaupt die übliche Zubereitungsform für größere Fleischstücke. Es wird deswegen öfters nicht erwähnt, ist aber die Voraussetzung für die weitere Behandlung des Materials. Marperger spricht auf mehreren Seiten (S. 154) über das Braten. Das Problem sieht er darin, dass es nicht so durchgebraten werde, dass das Fleisch einem Stück Holz ähnlicher wäre und auch das Gegenteil vermieden würde, es so roh zu lassen, dass das Blut noch heraus laufe. Zwei Rezepte verlangen das feste Verschließen des Topfes mit einem Teigrand (74), damit der Dampf und das Aroma der Gewürze und Kräuter nicht entweichen. Für den besonderen Geschmack wird das Fleisch auch öfters zwei Tage vorher eingelegt (Nr. 34), etwa in heißem Essig und mit Gewürzen wie Lorbeerblättern und Rosmarin. Rindfleisch und Wildbret werden zudem vor dem Braten gespickt. Um das Fleisch mürbe zu machen, wird es öfters auch vorher mit saurem Rahm bestrichen, manchmal noch beim Braten.

Hier soll noch einmal der alten Legende entgegengetreten werden, wonach das Fleisch häufig einen haut goût aufwies, der mit entsprechenden Mitteln, etwa hohen Dosen von Pfeffer, übertönt werden sollte. Pfeffer war in jedem Falle teurer als Frischfleisch; dieses wurde auf dem Markt immer angeboten. Man darf die Versorgungschwierigkeiten der Hauptstadt Paris nicht mit der völlig unterschiedlichen Situation in einem Provinzort wie Laufen vergleichen.

Backen ist die am häufigsten eingesetzte Zubereitungsart, vor allem das Ausbacken in heißem Schmalz mit speziellen Hinweisen zur Temperatur und Backzeit; d.h. es finden sich Hinweise des „langsamen" und „nicht zu heißen" Backens, des Backens, bis ein bestimmter Bräunegrad, etwa „lichtbraun", erreicht wird. Gebacken wird auch im Backofen, bzw. in einem Pastetenbackofen. Es werden auch schon Ober- und Unterhitze durch Verwendung von Glutdeckel auf den entsprechenden Pfannen erzielt. Genaue Angaben zu den Backzeiten fehlen gewöhnlich.

Zutaten: Gewürze

Das Würzen der Speisen war dem Geschmack der Köchin und dem der Verköstigten überlassen. Die Verwendung von Salz ist weitgehend als selbstverständlich vorausgesetzt. Eine große Anzahl von Rezepten erwähnt Zucker. Sehr oft werden auch Fleisch- oder Fischspeisen gezuckert; bei Mehlspeisen versteht sich das. Auch heute wird Zucker noch manchmal in geringer Dosis zur Geschmacksverstärkung oder Kontrastierung zugesetzt, doch die damalige Vorliebe entspringt einer älteren Geschmacksrichtung, die noch aus dem Mittelalter stammt und eine Vorliebe für Süß-Saures fortführt. Zucker war im 18. Jh. ein teures Luxusprodukt und damit überwiegend wohlhabenden Haushalten des Adels und Bürgertums vorbehalten. Es handelt sich um Rohrzucker, der etwa von den Kanaren her importiert wurde und entsprechend teuer war. Er war nicht ganz sauber raffiniert und musste dann geläutert werden. Freilich ermöglichte er nun die Vorratshaltung von Früchten, Nüssen, Obst und Säften. „Eingemachtes“ wurde produziert und konnte so als Tortenguss, aber auch außerhalb der Saison verwendet werden.

Beim überwiegenden Teil der Rezepte wurden Gewürze und Kräuter verwendet, aber nicht gesondert aufgezählt, sehr oft wird auch von Gewürzmischungen ausgegangen, die man als bekannt und selbstverständlich voraussetzte. Es gibt nur vereinzelt Angaben, wie viel von einem jeweiligen Gewürz genommen werden soll oder kann.

Nelken, Zimt, Muskatblüte (Macis), Muskatnuss, Wacholderbeeren und Pfeffer sind die meisterwähnten Gewürze, sowohl in Süßspeisen wie Fleischspeisen. Daneben werden auch noch Safran, Anis, Galgant verwendet. An Küchenkräutern lesen wir Petersilie, Majoran, Salbei, Rosmarin, Bertram/Estragon, Basilikum, Knoblauch, Zwiebel und Lorbeerblätter. Wir denken, dass es beim Haus der Kumperger einen Küchengarten gegeben hat, in dem die hier wachsenden Kräuter und Gemüse angebaut wurden.

Genauere Mengenangaben fehlen auch hier; erwähnt wird etwa ein Büschel Petersilie. Vielfach wird der Geschmack von einem Zitronenaroma geprägt, sei es durch Saft, Schale oder Blätter. Dies betrifft sowohl die Fleisch- als auch Fisch- und Süßspeisen, wobei bei diesen durchaus auch Rosmarin verwendet wurde.

Es erscheint eine große Menge und Vielfalt an Gewürzen und Kräutern. Das entspricht im Grunde einer älteren italienischen Prägung der Küche, die dort mit der Renaissance aufkam und sich auch allmählich über die Alpen verbreitete. Doch an den Bezeichnungen der französischen Manier und an den Saucenrezepten zeigt sich durchaus bereits ein französischer Einfluss.

Die Menge der verwendeten Gewürze erscheint sehr hoch, wie etwa im Rezept der Prügelkrapfen (Nr. 218), mit der gleichen Menge von Mandeln, Zucker und Muskatblüte. Doch auch hier haben unsere Versuche ergeben, dass ein durchaus kräftiges Aroma erzeugt wird, das gleichwohl aber genießbar und durchaus ansprechend ist; diese Abtönung war demnach damals gewünscht. Man wird freilich auch damit rechnen müssen, dass die Gewürze durch ihre langen Transportwege und die Lagerung sehr stark an Kraft verloren hatten. Diese beiden Erklärungen sollten die älteren erübrigen, die vom demonstrativen Luxus durch Überwürzung oder der Übertönung schlechter Grundprodukte ausgingen.

Fleisch

Die Zahl der Rezepte für Fleischgerichte ist recht überschaubar. Wie gesagt, machen die Rezepte für Hühner davon einen größeren Teil aus. Wir nehmen an, dass auf der einen Seite das Braten von größeren Fleischstücken nicht aufgenommen wurde, weil es zum Grundwissen zählte. Analoges gilt auch für Schweinebraten und die anderen Gerichte aus Schweinefleisch. Ein Schwein dürfte vorhanden gewesen sein, das komplett verarbeitet wurde. Dafür spricht ein vorhandenes Schinkenrezept und eine Schweinefleischbrühe. Auch das Verfertigen von Würsten war bekannt; weil hier Varianten angegeben wurden. Auf den Tisch kam Kalbfleisch, das gedünstet, gebraten, manchmal vorher gespickt wurde. Rindfleisch wird weniger verwendet als erwartet, es wird gewöhnlich vorher gebeizt und dann kräftig mit der üblichen Würzmischung von Zimt, Ingwer, Nelken, Pfeffer, Rosmarin versehen. An Beigaben finden sich Kapern, Mandeln, Weinbeeren und Sardellen.

Der Absicht des Kochbuches, eher besondere Speisen aufzunehmen, entsprechen die Zubereitung von Schlägel und Rehrücken, also eher von Feiertags- und Festtagsspeisen, wie auch die vielen Rezepte für Saucen zu Bratenstücken. Innereien, mit Ausnahme der Leber und Zunge erscheinen selten. Auch hier könnte die Erklärung darin liegen, dass die Zubereitung von Haschee und dergleichen keiner schriftlichen Niederlegung bedurfte.

Viele der Fleischstücke kamen in Pasteten, eine Lieblingsspeise der damaligen Zeit. Für die Pasteten wurde Butterteig verwendet, für den sich zwei Rezepte im Kochbuch finden.

Geflügel

Das Geflügel, wie Hühner und Kapaune, gehörte der Literatur nach zu den teuren Produkten, weswegen es selten auf die Tische gekommen sein soll. Wir können allerdings davon ausgehen, dass sich im ländlichen Oberndorf im Anwesen der Kumperger durchaus ein Hühnerstall befunden haben dürfte, der das entsprechende Fleisch lieferte. Dann verwundern die Rezepte auch nicht mehr. Ebenso bemerkenswert ist das Vorkommen von Wildgeflügel, wie etwa Rebhühner, das angeblich wegen des adeligen Jagdprivilegs für Untertanen selten und allenfalls zu höheren Preisen erhältlich war. Die vorhandenen Rezepte könnten diesen Eindruck korrigieren; freilich wissen wir über die Marktsituation in Laufen zu dieser Zeit nicht Bescheid. Tauben waren anderswo beliebt, hier hingegen gibt es keine Rezepte dafür. Sie werden lediglich als Einlagen in Pasteten erwähnt. Singvögel kommen mit Ausnahme der Wacholderdrossel nicht auf den Tisch.

Fisch

Bei den Fischen tritt eine große Vielfalt auf, wie sich im Register zeigt. Krebse kommen gehäuft vor; die Versorgungslage aus der Salzach und den umliegenden Seen und Bächen muss demnach gut gewesen sein. Sie dienten auch zur Herstellung von Krebsbutter und mit Schnecken zum Füllen von Hühnchen und Pasteten.

Die überwiegende Zubereitungsarten für Fische weichen von den heutigen nicht ab: in Butter gebraten, Forelle blau gesotten. Beliebt war freilich auch das Sieden in Erbsenbrühe. Austern und Muscheln fehlen, die es in anderen Kochbüchern durchaus gibt. Doch hier dürften sie ein zu teures Luxusprodukt gewesen sein. Die meisten Rezepte gibt es für Hecht, Hering und Kabeljau kommen dagegen nur einmal vor. Die Zubereitung eines Biberschwanzes, dieser gehörte der damaligen Systematik nach zu den Wassertieren und durfte in der Fastenzeit gegessen werden, ist einmalig, wie auch das Rezept für eine Schildkröte. Doch über den wirklichen Konsum dieser Gerichte in Laufen haben wir keine Nachrichten. Zu erwähnen ist noch eine für heutige Gemüter äußerst grobe Zubereitung. Die Tiere wurden oft lebendig übersotten oder so lange auf den Boden geschlagen, bis sie tot waren. (Man muss sich nicht darüber aufregen: in den Ställen der Ferkelmassentierhaltung ist das heute noch gang und gäbe!)

Süßspeisen

Diese Speisen machen, wie gesagt, einen Großteil des Gesamtinhaltes aus. Deswegen erscheinen auch zahlreiche Rezepte für die einzelnen Teige, so für den Mürbteig mit zwei Varianten: beide ohne Zucker, einmal mit Salzzugabe. Den Unterschied bilden differierende Mehl- und Buttermengen. Dazu kommt noch Mürbteiggebäck mit Zucker, oft dazu noch mit Mandeln, die als Mehlersatz fungieren können. Bei einzelnen Rezepten, etwa für die Linzer Torte, steht oft nur „mach einen Marenteig“, so auch bei Schüsseltorten. Die Herstellung des Mürbeteigs wird nicht genauer dargelegt, es gibt nur Hinweise für die erwünschte Teigbeschaffenheit: dieser sei nicht „zu dünn anzumachen“, was wahrscheinlich meint, dass er nicht zu weich sein sollte; aber auch das Gegenteil „zu fest“ sei zu vermeiden. Es folgen noch Hinweise zur weiteren Bearbeitung, wie etwa ausrollen, den Teig auf ein Blech zu „richten“, diesen zu belegen.

Auch ein Rezept für Butterteig, in heutiger Diktion: Blätterteig, findet sich. Der Grundteig besteht aus Butter, Mehl, Wasser und Salz, die Butter wird in den Teig eingeschlagen und dieser in mehreren Touren fertig gestellt. Ein solcher Blätterteig dient häufig für Pasteten, etwa für die Hühnerpastete, aber auch für Specktorte und Apfelküchel.

Rezepte für Hefeteig kommen in einer süßen und in einer pikanten Variante vor, wobei letztere für ein durchaus nachahmenswertes Rezept für Krebsschnecken dient. Für die Zubereitung des Hefeteigs wird Rahm und/ oder Milch verwendet, die lauwarm zu sein hatten. Germ, also Hefe, wurde eingebröckelt und ein Vorteig angesetzt. Die Verwendung ist vielfältig, vor allem für klassisches Gebäck wie Dampfnudel, Buchtel, Nudel, Schnecken und Krapfen.

Biskuitteig kommt als eigenes Rezept nicht vor, bildet aber die Grundmasse etwa bei Muschgattendorten oder Biscottendorten, war demnach also gebräuchlich, auch bei Mandeltorten und Mandelbiskuit. Für die Herstellung wird immer darauf hingewiesen, dass die Schaummasse aus Eiern und Zucker eine Stunde in eine Richtung zu rühren sei. Bei manchen Torten gehen die Angaben noch ins Detail, die Zutaten seien in bestimmter Reihenfolge zuzugeben und eine bestimmte Zeit lang unterzurühren. In die Schaummasse konnte auch noch Stärkemehl gegeben werden.

Neben dem bereits aufgeführten süßen Gebäck findet sich im Kochbuch noch eine Vielzahl von Mus- und Kochrezepten. Das Mus, mit einer breiartigen Beschaffenheit, wird häufig weiterverarbeitet, im Ofen gebacken, zu einer Art von Auflauf. Als Hauptzutaten können zugegeben werden: Zitronen, Quitten, Rosinen, Äpfel, Grieß, Semmeln. Daneben gibt es aber auch viele Rezepte für pikante Varianten mit Hühnern, Mark, Krebsen, Rindfleisch. Ein Rezept für ein Lemonenmus könnte als Zabaione-Variante eingestuft werden.

Auch gibt es „Koch" von Schmalz, Mandeln, als Schüssel- und als Kindskoch. „Koch" lässt sich schwer einordnen, da die Zubereitungen und Zutaten sehr stark variieren. Es kann im Ofen gebacken und über einem Wasserbad gegart werden. Süße Speisen mit großem Fruchtanteil sind rar, kommen allenfalls mit gedünsteten Äpfeln vor.

Gemüse

Der Abschnitt mit den Gemüserezepten fällt im Vergleich gering aus. Es finden sich jedoch ganz interessante Zubereitungen wie die beiden Varianten von gefülltem Kohlrabi, einmal mit einer Fülle aus Kalbsbrät und Krebsen und zum anderen eher vegetarisch – bereits erprobt und für gut befunden! Zu nennen sind ferner noch einige Zubereitungen mit Spinat, wie Spinatstrudel oder -knödel und Schöberl als Suppeneinlage. Es gibt zudem noch Kohlstrudel, -rouladen, -gemüse. Am gängigsten waren Erbsen und Rüben; Artischocken kommen freilich auch vor. Gemüse wurde als Beilage gereicht, etwa zum gesottenen Rindfleisch, aber auch als eigenständiges Gericht. Die Erwähnung beim Spinat, er sei aus dem Garten zu nehmen, verweist auf häuslichen Gemüseanbau. So ist zu vermuten, dass Gemüse gezogen wurde, das auf den Tisch kam, aber ins Kochbuch nicht eigens aufgenommen wurde. Auch wird man angesichts der einseitigen Überlieferungssituation nicht davon sprechen können, dass Mehl- und Fleischspeisen dominierten und Gemüse recht selten auf den Tisch kam. Letzteres dürfte zu selbstverständlich gewesen sein, so dass es wieder einmal nicht aufgeschrieben wurde.

Sonstiges

Im Hause eines Bäckers dürfte es nicht an Mehl gemangelt haben, wie zudem die zu verwendenden Mehlqualitäten selbstverständlich waren. Hier findet sich nur die Unterscheidung in Weizen- und Roggenmehl, dazu die Trennung in feineres und gröberes Mehl. Gewöhnlich wurde damals differierter unterschieden, was aber hier keinen Eingang fand. Brotreste wurden zu Semmelbrösel verarbeitet, deren Verwendung häufig belegt ist. Mandeln wurden oft und viel verwendet, ein Relikt aus der mittelalterlichen Küche, auch in Kombination mit Fleisch. Reis als teure Importware kommt hier nur in zwei Rezepten als süße Variante vor.

Schaugerichte sind nur zwei aufgenommen, eine „falsche Birne" (Nr. 144), über einen Kern modelliert aus Kalbfleisch, mit einem Strunk versehen, um den Anschein einer echten zu geben. Beim zweiten handelt es sich um eine zumindest kompliziert klingende Sulz vom Spanferkel (Nr. 189), dessen Rezeptur auch unübersichtlich ausgefallen ist. Diese Gerichte waren seit dem Mittelalter sehr beliebt, weil sie für Überraschung und Gespräche bei Tisch sorgten.

Hannes Scheutz

Nimb faisten laß haiß werdten – Anmerkungen zur Sprache und Orthographie

Das Kochbuch ist – ganz abgesehen vom kulinarischen und kulturhistorischen Informationswert – ein sprachgeschichtliches Dokument, das uns unabhängig von normativen Zwängen und redaktioneller Überarbeitung einen Einblick in die sprachlichen Verhältnisse zu Beginn des 18. Jahrhunderts gibt. Die Verfasserin stammt aus Fridolfing, einer bayrischen Gemeinde zwischen Laufen und Tittmoning, die zur Zeit der Entstehung dieser Aufzeichnungen zum Fürsterzbistum Salzburg gehörte. Dieser „Pufferstaat" zwischen Habsburgerreich und Kurfürstentum Bayern war insgesamt zu schwach, um sprachlich wirklich Eigenständiges auszubilden und als sprachliches Zentrum größere Strahlkraft zu entfalten. Abgesehen von einigen wenigen dialektalen Merkmalen, durch die sich der historische Zentralraum Salzburgs auszeichnete und die sich – spärlich, aber doch – in den Basisdialekten diesseits und jenseits der österreichisch-bayerischen Grenze auch heute noch nachweisen lassen, repräsentiert dieses Gebiet gewissermaßen den dialektologischen Normalfall: Es sind ja zumeist nicht singuläre Merkmale, sondern spezifische Merkmalskombinationen, durch die sich Dialekte voneinander unterscheiden. Im Falle Salzburgs bedeutet dies die Zugehörigkeit zum Bairischen, der größten Dialektgruppe im Südosten des deutschen Sprachraums, und hier wiederum hauptsächlich zum „Mittelbairischen", das im Wesentlichen den Voralpenraum auf bayerischer und österreichischer Seite umfasst. Dieses verkehrsoffene Gebiet hat die meisten sprachlichen Neuerungen seit dem Mittelalter aufzuweisen, der alpine „südbairische" Raum ist demgegenüber weitaus sprachkonservativer; etwa ab der Höhe der Landeshauptstadt beginnt der dialektale Einfluss des Südbairischen sukzessive zuzunehmen. Die Herkunft unseres Kochbuchs aus dem Norden des salzburgisch-bayerischen Grenzgebietes verweist dagegen auf eine dezidiert mittelbairische Prägung, die wir auch durchgängig im Text feststellen können.

Wenn hier von einem dialektalen Substrat die Rede ist, so soll damit keinesfalls der Eindruck erweckt werden, dass sich lokale, eindeutig salzburgische Spezifika im Text herauspräparieren ließen. Solch kleinräumig gebundene dialektale Merkmale bleiben üblicherweise auf die charakteristische phonetische Realisierung einzelner Sprachlaute oder Wörter beschränkt;

schriftliche Zeugnisse wie das vorliegende vermögen dies jedoch nur in seltenen Fällen zweifelsfrei zu vermitteln. Das Verschriftlichungsprinzip „schreibe, wie du sprichst“, das noch im 17. Jahrhundert weithin dominierte und erst nach und nach durch orthographische Vereinheitlichungsbestrebungen zurückgedrängt wurde, prägt zwar auch durchgehend unseren Text, trotzdem ist eine grobe Orientierung an einschlägigen größerregionalen Vorgaben erkennbar. Lautliche Eigenheiten wie die Vokalisierung des auslautenden *l* (*Gold* > *goid, Wald* > *wɔid*) und deren kleinregionale Ausformung (*stellen* > sbg. *schdeen, Milch* > sbg. *miich*), die zu dieser Zeit ganz sicher die gesprochene ländliche Alltagssprache prägten, sind in den Schreibungen genauso wenig anzutreffen wie etwa die spezifisch salzburgische Vokalisierung des *r* zu *i* nach vorausgehendem *u* (*Uhr, Turm* > sbg. *ui, duim*). – Zusammenfassend lässt sich also sagen, dass der Text keine dezidiert lokal-mundartlichen Merkmale widerspiegelt, jedoch durchgängig geprägt ist von jenen allgemeineren (mittel)bairischen Eigenschaften, die auch für die Sprachschichten jenseits des dialektalen Substrats charakteristisch sind. Die wichtigsten dieser Eigenschaften werden im Folgenden dargestellt und ihre Konsequenzen für die orthographische Textumsetzung analysiert.

Als ein lautliches Hauptmerkmal des Bairischen gilt die Verdumpfung der ursprünglichen mittelhochdeutschen (mhd.) *a*-Laute zu einem hinteren *o*-ähnlichen Vokal (*Wasser* > bair. *wɔssa*), für den es in der deutschen Orthographie keine Entsprechung gibt. In unserem Text wird dafür durchgängig das standardsprachliche <a> geschrieben, nur an wenigen Stellen wird durch die Verwendung von <o> die tatsächliche Aussprache erkennbar: *wosßer* ‚Wasser‘, *loß ihn* ‚lass ihn‘. Der (sekundäre) Umlaut des mhd. *a* zu einem tiefen *e*-Laut, wie er in den standardsprachlichen Wörtern *Käse, wässrig* erkennbar wird, führt hingegen im Dialekt zu einem hellen *a*; die angeführten Wörter lauten hier *kaas, wassrig*. Eine dialektal lautgetreue Schreibung müsste also <kas> notieren – damit würde jedoch der Unterschied zur sonstigen Verwendung des Graphems <a> für das dialektale [ɔ] verwischt. Um diese Opposition weiterhin erkennbar werden zu lassen, bedient man sich des Graphems <ä>, das also hier für dialektales [a] steht: *Kräpfl* ‚Kräpflein‘ (Diminutiv zu *Krapfen* [krɔpfm]), *Pfändl* ‚Pfännlein‘ (zu *Pfann* [pfɔn] ‚Pfanne‘), *zäch* [zach] ‚zäh‘, *Nägl, Nägerl* [nagerl] ‚(Gewürz-) Nelken‘, *härnes Sieb* ‚härenes (aus Haaren gefertigtes) Sieb, *gebäthe sembl* ‚gebähte (aufgewärmte, geröstete, „gebackene“) Semmel‘, *plätl* ‚Blättlein‘, *gläsl* ‚Gläslein‘, *Äderl* ‚Äderlein‘. Diese Schreibung mit <ä> wird nicht nur für jene Formen verwendet, die historisch auf einen Umlaut zurückgehen, sondern gilt für alle dialektalen [a]-Vorkommen; es heißt also folgerichtig: *zärdellen* ‚Sardellen‘, *Rämb* ‚Rahm‘, *sträe* ‚streue‘ (dial. [schdra, schdrai], drärs ‚drehe es‘ (dial. [draas]), Cästerel ‚Kasserole‘, Wiltpräth ‚Wildbret‘, Khäppry ‚Kapern‘, *khranäböttpier* ‚Kranewettbeere‘ (dial. [kranawettbia]), *Mußgätt* ‚Muskat‘, *Pomeränzen* ‚Orange‘

(*Pomeranze* aus lat. *pōmum* ‚Baumfrucht' und mlat./ital. *arancia* ‚Orange'), *khell Räbe* ‚Kohlrabi', *spänisch* ‚spanisch'.

Spezifisch bairisch ist auch die Veränderung des mhd. Lautes *ei* zu *oa* wie in *heiß* > *hoas, breit* > *brɔad.* Eine andere, damit zusammenhängende Lautveränderung betrifft die Diphthongierung (Verzwielautung) des mhd. Lautes *î* zu *ai,* wie sie in den Wörtern *Zeit, mein* (mhd. *zît, mîn)* erkennbar wird. In der Standardsprache sind die historisch unterschiedlichen Laute *ei* und *î* zusammengefallen und werden unterschiedslos <ei> geschrieben und [ai] gesprochen: [hais, brait, tsait, main] ‚heiß, breit, Zeit, mein'. Das Bairische hingegen hat den ursprünglichen Unterschied bewahrt – allerdings in geänderter lautlicher Form: mhd. *ei* wird als [ɔa], mhd. *î* als [ai] ausgesprochen: [hɔas, brɔad] gegen [tsait, main]. In der regionalen Schreibsprache des Kochbuchs schlägt sich dies durchgängig als orthographischer Unterschied von <ai> gegen <ei> nieder; <ai> steht für den dialektalen Laut *ɔa*: *hais* ‚heiß', *ain Ayr Dotter,* ein Ei Dotter', *schwaif* ‚Schweif', *taig* ‚Teig'.

Bereits in spätmittelalterlicher Zeit wurden die mhd. Diphthonge (Zwielaute) *uo, ie, üe* zu den entsprechenden Monophthongen (Einlauten) *u, i, ü* vereinfacht: Aus mhd. *guot* (gesprochen [guat]), *lieb* [liap], *süez* [süass] entstanden in der neuhochdeutschen Standardsprache die Formen *gut, lieb, süß.* Die orthographische Regelung, das „lange *i* " mithilfe der Schreibung <ie> auszudrücken, ist also nichts anderes als eine beibehaltene historische Schreibweise; sie bezeichnete ursprünglich den Diphthong [ia]. Im Bairischen fand diese neuhochdeutsche Monophthongierung nicht statt, hier heißt es nach wie vor *guad* und *liab.* Im Kochbuch finden wir deshalb auch durchgängig die lautlich korrekten Schreibungen *guett, guet* ‚gut', *gluet* ‚Glut', *tuech* ‚Tuch', *fueß* ‚Fuß', *zue* ‚zu', *mueß* , (etwas) muss', ‚(das) Mus', *siede* ‚siede', *giess* ‚gieße'. Auch der Vokal *üe* blieb als Zwielaut bestehen, verlor allerdings die Rundung und wird deshalb im Dialekt als [ia] ausgesprochen ([siass] ‚süß') – und im Kochbuch entsprechend als <ie> wiedergegeben: *siesß* ‚süß', *riehr* ‚rühr(e)'.

Diese Entrundung der Umlautvokale *ü, ö* zu den ungerundeten Vokalen *i, e* ist nicht nur ein generelles Merkmal der bairischen Dialekte, sondern ein in vielen Sprachen zu beobachtender Lautwandelprozess. Dabei wird ein relativ kompliziert zu bildender Laut durch den Wegfall der Lippenrundung „natürlicher", einfacher auszusprechen. Zahlreiche Beispiele dokumentieren dies: *Stickhl* ‚Stückl', *schitte* ‚schütte', *presl* ‚Brösel', *schisl* ‚Schüssel', *dariber* ‚darüber', *schen* ‚schön', *gereste* ‚geröste(te)', *gedruckht* ‚gedrückt'. Dazu kommen noch die bereits angesprochenen historischen Zwielaute, die in der Standardsprache monophthongiert wurden: *siesß* ‚süß', *riehr* ‚rühr(e), *brie* ‚Brühe'. Interessant ist auch, dass hier offenbar durchaus normsprachliche Vorgaben bewusst sind, wenn in Wörtern mit standardsprachlichem *i* wie *Kind, wird* fälschlicherweise der Umlautvokal verwendet wird: *Kündts Koch* ‚Kinds Koch', *zünnerne* ‚zinnene (Schüssel)', *würrdt* ‚wird'. Solche umgekehrten, „hyperkorrekten" Schreibungen sind ein klarer Hinweis auf das Bestreben, die dialektalen entrundeten Formen zu vermeiden – allerdings in Fällen, in denen gar keine Entrundung vorliegt, in denen standardsprachliche und dialektale Aussprache identisch sind.

Ein weiteres recht auffälliges Merkmal in der Schreibung des Kochbuches ist die häufige Verwendung des Graphems <ö> für einen gesprochenen *e*-Laut wie in *föst* ‚fest', der im Dialekt offenkundig von einem *e*-Laut wie in *Kreps* ‚Krebs' unterschieden wird. Diese beiden differierenden dialektalen *e*-Lautqualitäten gehen auf historisch unterschiedene *e*-Laute mit jeweils eigener Entstehungsgeschichte zurück und sind phonetisch als „hohes" *e* und „tiefes" ɛ zu beschreiben; aus ihrer Verwendung resultiert etwa der Bedeutungsunterschied in den Minimalpaaren [bessa – bɛɛsa] ‚besser – böser', [se – sɛ] ‚sie – See'. Da die deutsche Orthographie lediglich ein <e>-Graphem kennt (und das Graphem <ä> hier bereits für den dialektalen Lautwert [a] verwendet wird), ergibt sich für eine lautlich korrekte Schreibung in unserem Text die Notwendigkeit, eine geeignete graphische Ausdrucksmöglichkeit für das hohe *e* zu (er)finden. Die Schreibung mit <ö> ist insofern naheliegend, als dieses Graphem im Deutschen einen Laut repräsentiert, der einerseits an der gleichen Artikulationsstelle produziert wird wie das hohe *e*, und andererseits auf Grund der generellen Umlaut-Entrundung keinem dialektalen Laut entspricht. Damit kann also in eindeutiger Weise das hohe *e* als eigener Lautwert bezeichnet werden, die normale Schreibung mit <e> bleibt dagegen für den tiefen ɛ-Laut reserviert. Von besonderem Interesse ist nun, dass gerade das Mittelbairische etwa ab einer Linie nördlich von Salzburg diese historische Trennung von tiefen und hohen *e*-Lauten zunehmend verloren hat, wogegen südlich davon nach wie vor die beiden Gruppen getrennt bleiben. So etwa werden die Wörter *essen, Messer, legen, Leber, Wetter* im Süden lauthistorisch korrekt mit tiefem ɛ als *ɛssn mɛssa, lɛng, lɛwa, wɛda* ausgesprochen, wogegen die gleichen Wörter im Kernbereich des Mittelbairischen *essn, messa, leeng, lewa, weda* lauten. Im Kochbuch werden durchgängig diese kritischen Wörter mit <ö> geschrieben: *löberl* ‚Leber', *mösßer* ‚Messer', *mösßigene pfann* ‚messingene Pfanne' (Pfanne aus Messing) *löge* ‚lege', *döcks* ‚decke es', *össig* ‚Essig', bestöckht ‚besteckt', wökh ‚weg', *blöchern* ‚blechern', *Spöckh* ‚Speck'. Diese lautlichen Verhältnisse entsprechen durchaus auch noch dem heutigen Dialektgebrauch.

Im Konsonantenbereich finden wir ebenfalls eindeutige Hinweise auf die mittelbairischen Grundlagen des Textes. Gemeint sind damit vor allem jene Schwächungsprozesse, die aus den historisch „starken" Verschlusslauten *p, t, k* jene „schwachen" Konsonanten entstehen ließen, die mit den ursprünglichen Lindlauten *b, d, g* vielfach zusammengefallen bzw. von ihnen nicht mehr zu unterscheiden sind: So ist beispielsweise der Anlautkonsonant in <Tag> und <Dach> gleichermaßen *d* (*dɔg, dɔch*) wie der Inlaut in <Leder> : <Wetter> (*leeda : weeda*). Dem entsprechend finden wir in den lautgetreuen Schreibungen des Kochbuchs sehr viele einschlägige Schwächungsformen: *zuger* ‚Zucker', *due* ‚tue', *gebuzt* ‚geputzt', *bags in einen dieffen schmalz* ‚backe es in einem tiefen Schmalz', *stögs* ‚stecke es', *schnegen* ‚Schnecken'. Die den heutigen Leser teils abenteuerlich anmutenden und von geradezu haarsträubender Inkonsequenz zeugenden Schreibweisen im Konsonantenbereich zeigen deutlich, dass hier tiefgreifende Systemveränderungen stattgefunden hatten, die für eine ungeübte Schreiberin nicht zu durchschauen waren. Die Khumpergerin schwankt ständig zwischen der Notierung von Stark- und Schwachlauten; das Wissen um möglicherweise anzuwendende Starklautzeichen konfligiert mit der Intuition über die tatsächlichen Ausspracheverhältnisse. Als Beispiel aus dem Bereich der dentalen Verschlusslaute seien die häufig gebrauchten Verben *schneide(n)* und *sieden* genannt: Wir finden die „korrekte" Form *schneide*, daneben aber auch *schneit, schneith, schneidt, schneitte* mit „falschem" Einsatz der Starklaut-Zeichen <-dt-, – tt->; beim Verb *siede(n)* nebeneinander die Schreibungen *sieden* und *siedten*. Für das Partizip Perfekt *gesotten* schließlich steht im gleichen Satz die orthographisch „korrekte" Form *gesothen, gesodten* ‚gesotten' und die den tatsächlichen Lautverhältnissen entsprechende Form *gesoden*. Schwächungsvorgänge anderer Art verändern unbetonte Endsilben, so wird etwa die Endung - *en* zum Vokal - *a*, beispielsweise in dialektal *m ɔcha, renna* ‚machen, rennen'. Das gleiche Endungs-*a* entsteht auch bei der Vokalisierung des auslautenden *r* wie in *Butter* > *butta*. Aus dieser Lautgleichheit entstehen ebenfalls Fehlschreibungen durch falsche Rückübertragungen, so etwa *henner* ‚Hennen' als Analogieform zu *putter* ‚Butter'.

Dass unser Kochbuch nicht nur eine recht ungeübte Schreiber(innen)-Hand verrät, sondern auch – gemessen an sonstigen schreibsprachlichen Zeugnissen dieser Zeit – als handschriftlicher, dialektal geprägter Text orthographisch „rückständig" ist, zeigen vor allem auch die sehr häufigen Schreibungen mit <p> für *b* und <*kh-, – (c)kh(-)*> für *k*. So wird etwa das Wort *Brühe* 43mal mit anlautendem <b>, 58mal mit anlautendem <p>, *Butter* 208mal mit <b>, 103mal mit <p> geschrieben; nicht selten im gleichen Rezept, ja in der gleichen Zeile zwischen den beiden Schreibungen wechselnd. Als kleine weitere Beispielsauswahl seien noch genannt *pressl* ‚Brösel', *prenne* ‚brenne', *praun* ‚braun', *pachen* ‚backen'; *kheine* ‚keine', *khanst* ‚kannst', *Druckhen* ‚drücken', *brockhen* ‚Brocken', *waickh* ‚weike'. Diese orthographischen Merkmale (wie auch der bereits besprochene durchgängige Gebrauch von <*ä*> zur Bezeichnung des hellen *a*) wurden bereits Anfang des 16. Jahrhunderts in der gehobenen bairischen Schreibsprache seltener und schwanden ab Mitte dieses Jahrhunderts zunehmend; sie galten ab dieser Zeit als dialektal und wurden vor allem in gedruckten Texten fast vollständig vermieden.

Ein mittelbairisches Charakteristikum jenseits der Laut- und Orthographieebene ist das System der Personalpronomina (persönliche Fürwörter), das hier aus zwei unterschiedlichen Reihen besteht: Die selbständig vorkommen, betonbaren Vollformen wie beispielsweise [ea, si, es, mia] und die reduzierten Formen [a, s, ma], die an ein vorangehendes Wort – zumeist das Verb – angefügt werden und nicht betonbar sind. Aus der Vollform des femininen Pronomens *sie* (*sie kocht jetzt; jetzt kocht SIE*) wird bei Satzumstellung und Rücknahme der hervorhebenden Betonung die reduzierte angefügte Form *s* (*jetzt kochts*); die gleiche Reduktionsform gilt auch für das neutrale Pronomen *es* (*es kocht jetzt > jetzt kochts*). Diese „enklitischen" (angefügten) Personalpronomina prägen den gesamten Kochbuchtext: *machs zu langen Nudlen, pachs in schmalz, schits hernach in das höffen, vnd thues darauf.* In diesen Formulierungen sehen wir auch einen textsortentypischen Unterschied im Vergleich zu Kochbüchern neueren Datums: Hier wird der Adressat noch in direkter Imperativform zum Handeln aufgefordert und – typisch für die ländlichen Umgangsformen – auch geduzt.

Ein in der syntaktischen Forschungsliteratur vieldiskutiertes Merkmal sind die „flektierten Konjunktionen": Dabei werden die reduzierten Formen der zweiten Person an die satzeinleitenden Konjunktionen angefügt, sodass sie damit die gleichen Personalendungen aufweisen wie das Verb; gleichzeitig können in diesem Fall auch die Vollformen der Personalpronomina im Satz erscheinen. Idealtypisch lässt sich das am spezifisch bairischen Personalpronomen der zweiten Person Plural – *es* ‚ihr' – demonstrieren. Eine standardsprachliche Äußerung wie *Ihr ruft mich an, wenn ihr heimgeht* lautet dialektal *es ruafts mi oo, wants es hoamgets* – eine Wort-für-Wort korrekte Rückübersetzung in das Standarddeutsche führt zu einer völlig ungrammatischen Äußerung und deutet die syntaktische Besonderheit des Bairischen an: *Ihr ruft-ihr mich an, wenn-ihr ihr heimgeht-ihr.* Vergleichbares für die zweite Person Singular finden wir häufig im Kochbuch: *wanst Ihmb khochen willst, wanst es anrichten thuest, wanst die Mandl khlein gestosen hast* usw.

Eine weitere Eigenheit der dialektalen Syntax finden wir in Formulierungen wie *khalter es ist guett, gibs warmer*, die sich nicht wörtlich in die Standardsprache übersetzen lassen: Damit wird eine ganz spezielle syntaktische Funktion ausgezeichnet, die den Zustand des betroffenen Subjektes oder Objektes zum Zeitpunkt der Verbalhandlung ausdrücken. Sinngemäß bedeuten die beiden Äußerungen also etwa: ‚Wenn es kalt ist, ist es gut; gib es, wenn es warm ist.' In den Formen *khalter* und *warmer* ist noch die historische Herkunft dieser syntaktischen Besonderheit aus einer Art Vergleichskonstruktion erkennbar: *Als kalter ist es gut; gib es als warmer.* Diese Konstruktion ist auch heute noch vielfach auffindbar (*als kalter / also kalter mog i den kaffee ned* ‚Kalt mag ich den Kaffee nicht'), verschwindet jedoch zunehmend aus der dialektalen Sprachkompetenz.

Demgegenüber hat eine andere syntaktische Eigenschaft der gesprochenen Sprache bis heute nichts von ihrer Aktualität eingebüßt – die Verwendung von *tun* als Hilfsverb: *wanst Ihm anrichten thuest* ‚wenn du ihn anrichten tust', *thues einprenen mit Putter* ‚tue es einbrennen mit Butter'. Abgesehen von dieser standardsprachlich verpönten Verwendung fungiert das Verb *tun* in unserem Text als eines der am häufigsten verwendeten Handlungsverben – und damit als Pendant zu dem in den heutigen Kochbüchern dominierenden *geben*: *thue ein wenig ösßig darein* ‚gib (= man gebe) ein wenig Essig hinein', *thue hernach Putter in ein Rein* ‚gib danach Butter in einen Topf', *thue zugger darauf* ‚gib Zucker darauf'.

Ein letztes syntaktisches Merkmal soll noch kurz angesprochen werden: Die auch in der heutigen Umgangssprache häufig anzutreffende Ersetzung des masculinen Personalpronomens *ihn* (Akkusativ, 4. Fall) durch *ihm* (Dativ, 3. Fall), geradezu klassisch dokumentiert durch die legendären Fernsehkommentare einer österreichischen Fußballgröße: *er hat ihm am leiberl gehalten.* In unserem Text finden wir dafür zahlreiche Beispiele, die allerdings hier keinesfalls einen grammatischen „Fehler", sondern eine Besonderheit der dialektalen Morphologie dokumentieren: *wanst Ihmb khochen willst, so druckh Imb auß, Salz ihm, vnd besträe Ihm mit Mehl* ‚wenn du ihn kochen willst, so drücke ihn aus, salze ihn und bestreue ihn mit Mehl'.

Literaturverzeichnis

Adelung, Johann Christoph: Grammatisch-kritisches Wörterbuch, 4 Bände, Leipzig 1793–1803, ND Hildesheim u. New York 1970

Aichholzer, Doris: Wildu machen ayn guet essen, Bern 1999

Barlösius, Eva, von Braun, Christina: Essen und Gesellschaft – Die Politik der Ernährung, Innsbruck 2000

Barlösius, Eva: Soziologie des Essens. Eine sozial- und kulturwissenschaftliche Einführung in die Ernährungsforschung, Weinheim [2]2011

Barthes, Roland: L'empire des signes, Paris 1970

Barthes, Roland: Elemente der Semiologie, Frankfurt 1988

Bourdieu, Pierre: Die feinen Unterschiede. Kritik der gesellschaftlichen Urteilskraft, Frankfurt 1982

Braudel, Fernand: Alimentation et catégories de l'histoire, in: Annales ESC 16, 1961, 737–728

Breunlich, Maria, Haas, Helga: Karpfen, Krebs und Kälbernes. Ein bürgerliches Kochbuch aus der Barockzeit, Wien 2004

Fenton, Alexander, Kisban, Eszter (Hg.): Food in Change. Eating Habits from the Middle Ages to the Present Day, Edinburgh 1986

Fischler, Claude: L'Homnivore, Paris 2001

Flandrin, Jean-Louis: Der gute Geschmack und die soziale Hierarchie, in: Ariès, Philippe: Geschichte des privaten Lebens, Bd. 3, Paris 1985, S. 269–311

Frauenzimmer Lexikon, nutzbares, genanntes und curiöses, Leipzig 1715, Bibliothek alter kulinarischer Werke, hg. v. Lemmer, Manfred, Leipzig 1980

Freedman Paul (Hg.): Essen. Eine Kulturgeschichte des Geschmacks, Darmstadt 2007

Gebhardt, Winfried: Fest, Feier und Alltag. Über die gesellschaftliche Wirklichkeit des Menschen und ihre Deutung, Frankfurt 1987

Goody, Jack: Cooking, Cuisine, and Class. A Study of Comparative Sociology, Cambridge 1982

Grimm, Jakob u. Wilhelm: Deutsches Wörterbuch (DWB), 16 Bände. Verlag von S. Hirzel, Leipzig 1854–1861 (woerterbuchnetz.de/DWB/)

Hagger, Conrad: Neues Saltzburgisches Koch-Buch …, Augsburg 1719, ND München 1977

Hirschfelder, Gunther: Europäische Esskultur. Geschichte der Ernährung von der Steinzeit bis heute, Frankfurt 2001

Horn, Erna: Bayern tafelt. Vom Essen und Trinken, Altbayern, Franken und Schwaben. Eine kulinarische Kulturgeschichte, München 1980

Kleber, Jutta Anna (Hg.): Die Äpfel der Erkenntnis. Zur historischen Soziologie des Essens, Pfaffenweiler 1995

Koller, Fritz: Das Salzburger Landesarchiv, Salzburg 1987, S. 184–188

Kolmer, Lothar, Rohr, Christian: Mahl und Repräsentation. Der Kult ums Essen, Paderborn [2]2001

Kolmer, Lothar, Gottwald, Theo: Speiserituale. Essen. Trinken. Sakralität., Stuttgart 2005

Kolmer, Lothar (Hg.): Finger Fertig. Eine Kulturgeschichte der Serviette, Wien 2008

Krünitz, Johann Georg: Oekonomische Encyklopädie, 242 Bände. Joachim Pauli Verlag, Berlin 1773–1868 (http://www.kruenitz1.uni-trier.de/)

Lévi-Strauss, Claude: Mythologica, 1. Das Rohe und das Gekochte, Frankfurt [5]1994

Lexer, Matthias: Mittelhochdeutsches Handwörterbuch, 3 Bände, Leipzig 1872–1878 (woerterbuchnetz.de/Lexer/)

Marperger, Paul Jakob: Vollständiges Küch- und Keller Dictionarium, Hamburg 1716, ND München 1978

Maurer, Emil: 6000 Jahre Gastronomie. Die Geschichte der feinen Kochkunst, Frankfurt 1981

Maier-Bruck, Franz: Das große Sacher Kochbuch, Herrsching 1975

Maier-Bruck, Franz: Vom Essen auf dem Lande, Wien 1999

Mellinger, Nan: Fleisch. Ursprung und Wandel einer Lust, eine Kulturanthropologische Studie, Frankfurt 2000

Mennel, Stephen: Die Kultivierung des Appetits. Die Geschichte des Essens vom Mittelalter bis heute, Frankfurt 1988

Miklautz, Elfie, Lachmayer, Herbert, Eisendele, Reinhard (Hg.): Die Küche. Zur Geschichte eines architektonischen, sozialen und imaginativen Raums, Wien/Köln/Weimar 1999

Montanari, Massimo: Der Hunger und der Überfluss. Kulturgeschichte der Ernährung in Europa, München 1993

Moulin, Leo: Augenlust und Tafelfreuden, München 2002

Ottenjann, Helmut, Ziessow, Karl-Heinz (Hg.): Die Kartoffel. Geschichte und Zukunft einer Kulturpflanze, Cloppenburg 1992

Paczensky, Gert von, Dünnebier, Anna: Leere Töpfe, volle Töpfe. Die Kulturgeschichte des Essens und Trinkens, München 1994

Pickl, Simon: Das Kochbuch für Maria Annastasia Veitin. Kommentierte Edition einer Kochbuchhandschrift aus dem Jahr 1748 (Bayerische Schriften zur Volkskunde 10), München 2009

Praschl-Bichler, Gabriele: Alltag im Barock, Graz 1995

Rath, Claus-Dieter: Reste der Tafelrunde. Das Abenteuer der Esskultur, Reinbeck 1984

Reinhardt, Dirk, Spiekermann, Uwe, Thoms, Ulrike: Neue Wege zur Ernährungsgeschichte: Kochbücher, Haushaltsrechnungen, Konsumvereinsberichte und Autobiographien in der Diskussion, Frankfurt/M. 1993

Rohr, Julius Bernhard von: Einleitung zur Ceremoniel-Wissenschafft der Privatpersonen ..., Berlin [2]1730

Sandgruber, Roman: Bittersüße Genüsse, Wien 1986

Sandgruber, Roman: Anfänge der Konsumgesellschaft. Konsumgüterverbrauch und Lebensstandard und Alltagskultur in Österreich im 18. und 19. Jahrhundert, Wien 1982

Sattler, Bernhard, Ettelt, Bernhard: Das Bürgerhaus zwischen Inn und Salzach, Raubling 1979

Scappi, Bartolomeo: Opera dell'arte del cucinare, Venedig 1570, ND Bologna 2007

Schultz, Uwe (Hg.): Das Fest. Eine Kulturgeschichte von der Antike bis zur Gegenwart, München 1998

Schuster, Max Eberhard: Innstädte und ihre alpenländische Bauweise, München 1951

Schuster, Max Eberhard: Das Bürgerhaus im Inn- und Salzachgebiet (Das deutsche Bürgerhaus, Band 5), Tübingen 1964

Toussaint-Samat, Maguelonne: History of Food, Oxford 2001

Tozzi, Wilhelm: Über Kaffee, Tee und Schokolade ..., Frankfurt 1693

Trapp, Wolfgang: Kleines Handbuch der Maße, Zahlen, Gewichte und der Zeitrechnung, Köln 1998

Wierlacher, Alois, Neumann, Gerhard, Teuteberg, Hans Jürgen (Hg.): Kulturthema Essen. Ansichten und Problemfelder, Berlin 1993

Wiswe, Hans: Kulturgeschichte der Kochkunst. Kochbücher und Rezepte aus zwei Jahrtausende, München 1970

Zischka, Ulrike u.a.: Die anständige Lust. Von Esskultur und Tafelsitten, München 1993

Koch Buech
Maria Euphrosina
Khumpergerin Zu Lauffen
angehörig.
Anno
1735

Koch Buech

Maria Euphrosina Khümpergerin zu Laufen angehörig.

Anno

1735

(1.)
Schenes *oblath* Kräpfl* zumachen /*

Nimb oblath* schneide sie Rundt oder lang= / nimb den Safft von roden weinbierl* vnd / fills*, ein Bestreigs* mit Putter* richt / zwey plätl* auf einander, nimb ein schenes / Mell*, mach ein daig* an, Salz aber nit vill, / dräpfe* ein wenig wein daran, vnd Rier* d^{a}ß / Mell* ab, alsdan nimb ain wein in ein Pfändl* / laß Ihm nit fast Sieden*, mache mit den wein / den daig* an, von einen ayr* das weis darein, / truckh die Khräpfl* vmb den pranft* oder / an den vier seydten* darein, pachs* Khiell* / heraus, sye Lauffen* schen auf, Richts* auf / ein schisßel* vnd zuggers* woll*. /

(2.)
Mandl dorthen* /*

Ziech* ein pfundt* Mandl* auß, laß das / wasser sieden*, vnd schitt* die Mandl* darein, // (2v,) laß sye nit Sieden*, nur so lang Bis preglen*, / vnd bis du sye abziehen* Kanst, schwaib* sie / mit einem frischen Waser ab, Raibs* khlein, / gies* ein wenig zue das ein wenig öllig* / werden, nimbs hernach heraus in ein degl*, / vnd lög* ½ ℔ zuger* darzue, schlag 16 oder / 20 ayr* auf, spridls* ab, Rier* die Mandl* / vnd den zuger* ab, das Muesig* wirdt, gies* / darein das er gleich Naß* wirdt, man mues / auf einmahl nit vill giesen*, ein guette / weill* rieren*, bis man wider ~~Riert~~ giest*, / Rier* imb fein föst* vnd zäch* herumb, bey / einer Stundt oder lenger, das er din* vnd / Ring* wie Ein diner* straube$_{n}$* daig*, las / Ihm ein wenig stehn, zergeh* ein Putter*, / nimb ein Pembßl* vnd schmierb* den Modl* / ein in alle ögg*, gies* den daig* darein, vmb / ein khleines fingerl lähr, sonst geht er yber, / vnd bach* Ihm in miterer hiz*, so ist er bereith, // (3r)

„℔“: Zeichen für Pfund.
„imb“ bedeutet ‚ihn‘, gemeint ist der Teig.
„ein khleines fingerl lähr“: bedeutet, man soll den Model nicht bis an den Rand füllen, sondern oben eine fingerbreite Lücke lassen.

(3.)

(zimmet dordten)

Zu einem zimmet* dordten*, nimb ein handtuoll* / zuger*, dan nimb vmb 2 air* mehrer, dann / er mues lener* sein, so nimb 2 loth* zimmet= / stupp* auf ein pfundt* Mandl*, Riers* auf die / löst gar Subtill* ein, /

Überschrift von den Editoren eingefügt.
„auf die löst“: bedeutet ‚zuletzt‘.

(4.)

Rämb Strauben*. /*

Nimb ein Khändl* Rämb*, der ein wenig Sauer, / ist, schlag .10. ayr* darein, vnd Mell* biß es schen / dickh* wirdt, gies* ein khleines schöpf löffel* voll / Schmalz* darein, d^aß nit zu hais* ist, Salz recht / pachs* in Schmalz* nit zu Khiell*, /

(5.)

Dopfen Nudl zu machen /*

Nimb ein guettes* Mehl, mach die milch* warmb, / souill das du den finger darin erlayden khanst, / thue den germb* darein, mach ein dämpfl* an, / las* gehen, nimb den dopfen* schlag ayr* daran, / Riers* vndter einander, mache den daig* gar // (3v) darmit an, las* wider gehen, Machs zu / langen Nudlen*, schneit* oben auf ein Khrindl*, / pachs* in schmalz*, versalz nit, so / seindts bereith, /

„souill das du den finger darin erlayden khanst“: bedeutet, dass die Milch so warm sein sollte, dass man sich nicht die Finger daran verbrüht.

(6.)

Strauben zupachen* /*

Nimb ein Mäsßl* ganz guette* Milch*, vnd / auf ein Mäsßl* Milch* .9. oder .10. ayr*, nimb / ein schmalz* pren* .2. löffl voll Mell* ein, gies* / die Milch* daran, söz auf das feuer* das warmb* / wirdt, aber Es mues nit sieden*, nur das du / den finger Erleiden khanst, hernach lög ein / Putter* darein, das er darinen zergehet*, / schits* hernach in das höffen*, schlag die ayr*, / darein, aber die ayr* muesßen warmb* sein, / sprigls* ab, darnach sprigl* das mehl* darein / ain löffel voll vmb den andern, bis das sye / dickh* genueg seindt, darnach las das schmalz* / woll* hais* werden, säe* sie schen darein, pachs* / schen liecht* braun so seindt sie bereith // (4r)

„das du / den finger Erleiden khanst": bedeutet, dass die Milch so warm sein sollte, dass man sich nicht die Finger daran verbrüht.

(7.)

Mandl Khuechen*. /*

Nimb gestossen* oder gerimbne* Mandl*, .2. thaill*, / vnd den dritten thaill* geribne* Sembl*, nöz* die= / =selbe mit Putter*, nimb ayr*, spridls* oder / Klopfs* starckh, einen guetten löffel voll Rämb* / vnd zugar* darundter, Mach die Mandl* vnd sembl* / damit an, Riers* woll* vndter einander, pachs* / als wie die sembl* Kuechen* /

(8.)

Muschgatten Dorden* /*

Auf ein halb ℔ zugger* ein halb ℔ Störckh* vnd / .8. ayr*, nimb ein gleich weites höffen*, schlage die / ayr* darein, Riers* ein halbe viertl Stundt ab, / hernach thue den zugger* darein, vnd Riers* ein / stundt ab, das schen dickh* wirdt, wan es genueg / geriert* ist, so rier* die Stärckh* gemacht darein, / ein löffl voll nach dem andern, hernach gieß* in den / Modl* las schen pachen*, wan es gebachen* ist, / so thues herauß, las ein tag abkhiellen*, daß schen / druckher* wirdt, // (4v)

„℔": Zeichen für Pfund.
„vnd Riers ein": das ‚ein' wurde nachträglich eingefügt.
Es dürfte sich hier um einen Biskuitteig handeln.

(9.)

*Linnzer Dorthen** /

Nimb Erstlich ain Mäsßl* Mell* .1 pfundt* Putter* / 1 pfundt* Mandl* Kern ½ pfundt* zugger*, 8 ayr* / dotter*, gewierz*, zimmet*, Nägl*, Mußgetblie*, / lemany* Safft vnd schöllen*, mach Ihm also vnder= / =einander an, bestreich* ~~Ihm~~ ein pläch* mit Putter*, / richte* den daig* also darauf, mach ein Rundes / blath* darauß, söz Ihm in ofen* pach* ihm, aber / nit zu hais*, alsdan ziehr* Ihm, wie du Ihm habe$_n$ wilst. /

„bestreich Ihm ein“: das ‚ein‘ wurde nachträglich eingefügt.
„mach Ihm also vnder= / =einander an“: bedeutet, man soll alle Zutaten gut vermengen und zu einem glatten Teig anrühren.
Diese Variante ist mit Mürbteig verfertigt.

(10.)

Ein *March* Dorthen** /

Nimb Sauberes March* hackhs* khlein, thues in Ein / Rein*, auch Putter* darundter vnd gewierz*, / nimb ein handt voll Mandl* darundter die / gestosßen* seindt, Mach ein dines* plätl*, khanst / Maren daig* nemen, schitte* dis darauf, gleichs / Sauber an, vnd sträe* zugger* darauf, söz also / auf Ein gluet*, las pachen*, // (5r)

(11.)

Reisch Dorten* zu Machen /*

Khlaube* den Reisch* sauber, vnd wasch ihm auß, / siede* ihm in der Milch* dickh*, hernach thue Ihm / herauß, vnd riehr* ihm ab, Riehr* Souill khlein / gestosne* Mandl* darundter, als Reisch*, thue zugger* / vnd in milch* gewaickhte* Semmel* drein, uvd schlage / ayr* drein, riehr* in also starckh ab, rier* lemany* / schöllen* darein, lög* ein stickhl* Putter* drein / schits* also in Mandl* Modl*, vnd pachs* also in ofen*, /

„Riehr Souill": bedeutet ‚rühre so viele'.

(12.)

Schwarzen dorthen zumachen, /*

Nimb guette Piern* Schöls* prats*, yber* siede* Sie / daß waich seindt, in Schwarz gesothenen* Wein, / darnach dreibs* durch Ein sib* vnd nimb .15. ayr*= / doter* vnd ain pfundt* Mandl*, nimb souill milch* / als ayr*, vnd gewierz* woll* mit zimmet*, vnd Nägl* / stupp, Musgeblie*, vnd zugger*, bestreich* ein / Modl* mit Putter*, schitts* darein; vnd las Khiell* / bachen*, // (5v)

„Mandl, nimb": bei ‚nimb' ist die Lesart unsicher.
„nimb souill milch": bedeutet ‚nimm so viel Milch'.
Eine Interpretation kann dahingehen, dass unter einen Biskuitteig in Rotwein gekochte und pürierte Birnen gemischt wurden; eine andere, dass diese auf den Teig gegeben wurden.

Reiß dorten zu Machen

Klaube den Reiß sauber, und wasch ihn auß, siede ihn in der Milch dickh, hernach thue ihn heraus, und treibe ihn ab, diese viell klein gestossne Mandl darunder, als Reiß, thue Zugger und in milch geweichte Semel darein, und schlage ayr darein, treibe ihn also starckh ab, von lemonij schölln darein, leg ein Stuckh butter drein, schitte also in Mandl Modl, und bache also in ofen,

Schwarzen dortten zumachen,

Nimb gutte harte Schöls prot, über siede sie das weich seindt, in Schwarz gesottenen wein, darnach treibe durch ein sib und nimb 15 ayr dotter und ein pfundt Mandl, nimb soviell milch als ayr, und gewürz voll mit zimet, und Nägl stupp, Muscatblüe, und Zugger, bestreich ein Modl mit butter, schitte darein und las schön bachen,

(13.)
Schisßel Dorthen* zumachen /*

Nimb ein Mäsßl* Mell* .1. pfundt* Putter*, .6. ayr* / dotter* ein wenig wasßer, mache den dayg* also / darmit an, las die ziwöben* vnd weinpirl* in / Wasßer anlauffen*, thues herauß laß druckher* / werden, zuggers*. vnd gewierz* zimmet*, Nägl*, / Mach von dem thaig* ein Plath*, Rädl* die schnizl* / herab. yberlöge sye also darmit, schmierb* ein / schisl* mit Putter*, richs* also darauf. /

(14.)
Ein Mandl Kraut* zu Machen /*

schneith* ein ½ ℔ Mandl* abgzogne* schen / langlecht*, vnd thues in Ein tieffe schisßel* / schneyde* lemany* schöllen* darauf, druckhe* ein / lemany* Safft darein, vnd ein wenig zimmet* / stupp darauf, hernach leithere* ein viertung* / zugger*, vnd gies* ihm auf die Mandl*, schlage / auch .4. ayr* Clar daran, Misch also undter ein= / =ander, vnd sträs* auf ein mit Putter* bestrichnes* / Plöch*, las also Kiell* Pachen*, vnd scher* es mit ainem // (6r) Mösßer* .2. oder .3. mahl vmb, vnd auß, biß hart / würrdt, vnd Brockhet* richts* auf ein schallen*, vnd / Sträe* pisen zugger*, darauf, /

„℔": Zeichen für Pfund.
„Sträe pisen zugger, darauf": bedeutet ‚bestreue es ein bisschen mit Zucker'.

(15.)
Mandl Schmaren*. /*

Ziehe* ein halb pfundt* Mandl* ab, den halben thaill* / stos*, vnd den anderen halben thaill* schneit* schenn / dinn* vnd khlein Langlet*, thues witter vnder / einander, vnd schneyte* Lemany* schöllel* darauf, / leitere* ein viertung* zugger* vnd schitte* Ihm dar= / =auf, schlag auch .4. frische ayr* Clar dran, vnd / Misch also woll vndter einander, streichs* auf / Oblath* vnd Pags* Kiell*, /

„thues witter": soll ‚tu es wieder' bedeuten.

(16.)

Den Maren Daig zumachen /*

Nimb ain Mäsßl* Mell*, ain pfundt* Putter* 6 ayr* / dotter*, frisch wasßer oder wein mach ihm also nit / zu dinn* an. // (6v)

(17.)

Den Putter* daig zumachen /

Nimb 1 ½ ~~℔~~ Mässl* Mell* .1. pfundt* Putter* ain frisches / wassser, Salz ihm ein wenig, wuzl* ihm in die / leng* drey mall, darnach ~~wölg~~ wög* ihm aus es mues / alles gleich sein, darnach drärs* auf vnd mach / ein laibl* daraus, mach ein Rundes blat*, / schlage* den Putter* darein, schlage* ihm langlet* / ein, vnd lög* ihm .4. Mahll zusammen darnach mach / Ihm guett /

„~~℔~~": Zeichen für Pfund.
„darnach wölg wög": ‚wög' wurde nachträglich eingefügt.
Ein Rezept für Blätterteig.

(18.)

Lemani Koch* zumachen /*

Nimb von 6. oder 8. lemany* die schöllen*, schneite* / sie auf das Kleinest, vnd yber* siede sye lindt* / hernach nimb 4 Semmbl* reibe* Es, thue die / Ringem* wög waickhe* sie in einen Siesen* Rämb* / oder in fleischbrie*, dreibs* ab wie ein spinädt*, / Reibe* zugger* darein, vnd thue die gesothnen* / lemany* Schöllen* darein, Schlag ayr* daran, / gewirrz*, reib* lemany* schöllen* darein, bestreichs* / ein schisßl* woll mit butter*, schitt* es darein, // (7r) Klops* beederseits, als dan besträß* mit Mell*. / richs* in ein weite Rein*, oder Cästerel*, löge* / Putter* darundter, vnd spög* schniz*, löge* Petter= / =sill* wurzen zue, vnd zway halbe zwifl* mit / Nägl* bestöckht*, laß also rasten d^{a}ß ganz braun ist, / khanst auch ein Rosmarin* zweill* darzue lögen*, / wanß beederseidts braun ist, so seich* ein Rindtsupen* / darauf, vnd laß also sieden*, schlags* durch ein / Härnes* Sib*, gewierz*, du khanst auch vor ein ann=/ =richt* suppen brauchen, oder zu anderen fleisch / geben. ist ein khröftige suppen, /

„Klops beederseits": bedeutet ‚klopfe es beiderseits'.
„richs in ein weite Rein": bedeutet ‚richte es in einen weiten Bräter'.

(19.)
Ein Weisß gestosßne Suppen zumachen* /

Ziehe* ein handt* voll Mandl* ab, Stosß* khlein vnd drey / hart gesothne* ayr* dotter*, daran, du khanst von Einem / gebrattnen* Copaun* oder Röb* hiendl, die Rippen* / zuhackhen* vnd auch darundter stosßen*, auch aine / wenig gebäthe* sembl*, wan dises alles gestosßen* / ist, so schitte* ain Rindt* suppen darauf vnd dreibs* / ab, schlags* durch ein härnes* Sib*, due Putter* vnd / gewierzt* darundter, laß also Kochen, vnd Richts* // (7v) auf gebätte* Semmbl* an, es ist ein guette / Suppen, /

(20.)
*Auf ein andere Manier** /

Ain viertung* oder halb Pfundt* Mandl* abgezogen* / schneite* sie langlecht* zu .4. thaill*, thues in ain / Rain*, lög* ain Stückhl* Putter* ins Mell* schlag .4. / ayr* dotter* darein, gewierz*, schitte Fleisch* suppen / darauf, riers* ab, vnd laß also Kochen, vnd gibs / auf gebäthes* brodt, Es ist ein guete Francosische / Suppen. /

„Francosische / Suppen“: bedeutet ‚Französische Suppe‘. S. dazu die Bemerkung in der Einleitung.

(21.)
Ein Kappri* Supp*en*. /

Nimb ein wenig butter* in ein Pfan*, prene* / .2. löffl voll Mell* ein, ganz braun, vnd khlein / geschnitnen* zwifl* darein, laß ganz braun / werden, thue ein handt* voll khappri* darein, / schitte* ein wenig wein vnd Esig, auch fleisch* / Suppen daran, gewierz*, löge* ein Stückhl* / Putter* darein, laß khochen oder sieden*. nimb // (8r)

Das Rezept bricht bei ‚nimb‘ ab und bleibt unvollständig.
Es handelt sich um eine Kapernsauce auf der Basis einer dunklen Einbrenne.

(22.)

Ein andere Prie mit öell /*

Nimb ösßig, vnd öell, auch guetts gewierz*, vnd / ain wenig Fleisch* prie, laß sieden*, khanst / auch Rosmarin*, vnd lorber* plätl, darein / nemmben, laß sieden* vnd gibs yber gebrathnes*, / oder frisch gesodens* Wiltprath*. /

Hier handelt es sich wieder um eine Sauce. Die Zubereitung des Wildbrets selbst ist im Kochbuch nicht enthalten.

(23.)

Ein Prie yber Schwarzes Wiltpräth*. /*

laß daß Wiltpräth* halb sieden*, seiche* die / brye* halb hinwöckh, schneith* zwifl* schen Klein, / Rest* es in schmalz*, auch ein wenig Mehl* dar= / zue, gieß* die Wiltprie* daran, vnd ain Raifl*, / oder sonst siesen wein, gewierz*, due Putter*, / darein, laß Sieden* oder Kochen, due Näglstupp*, / darein, vnd gibs also // (8v)

(24.)

Ein Schwarze Prie yber anden oder /* Föder* Wiltbräth /

Reste* gehackhten* zwifl* vnd Rockhes* brott, in / Schmalz*, thue zugger*, ymber*, Pfeffer, zimmet*, / Nägl* stupp, ~~Mußgablie~~* Musgaten*, darein, / schitte* auch hollersalzen* darzue, vnd Fleischbrie*, / löge* Putter* zue, laß sieden*, gibs iber gebra= / =thnes* so ist es recht, /

(25.)

Ein andere guette Prie yber einen /* hasen* oder Wiltpräth* /

Nimb ein Putter* bren* Mehl* ain ganz braun, / vnd khlein geschnitnen* zwifl*, darein laß ganz / braun werden, schitt* hernach ösßig vnd wein / daran, auch Fleischprie*, gewierz*, thue woll* / zugger*, ziwöben*. vnd ein handtuoll* Mandl*, / in Paumöll* gerest* darein, laß allso sieden* // (9r) oder Kochen, es mueß fein dickhlet* sein, / gibs allso ybers Wiltpräth*, oder gesothnen* / Hasen*. /

(26.)

Ein Mandl Suppen zu Machen. /*

Nimb ein handt* voll Mandl*, siets* ziech* ihnen / die haut ab, stoß* es khlein, begies* mit brunen / waßer daß weiß bleiben, thues widter herauß / in ain Rein*, löge* ain Stuckh* Putter* zue, schitte* / ain guette Rindt* suppen ~~zue~~ darauf, oder waser, / threibs* durch ein härnes* Sib*, vnd löge* ain stickhl* / zugger* darein, laß also sieden*, gewierz*, mit / Musgablie*, khanst auch ain ayr* dotter* darein nembe$_n$, / richts* auf gebäthe* Semmbl*, oder wanst die Mandl* / khlein gestosen* hast, so khanst ein Stuckh* Putter* / darein lögen*, söz ein Milch* zu~~e~~m feyer* laß sieden*, / thue die Mandl* vnd Putter* darein in die Prie*, / auch . 2 . ayr* dotter*, ein wenig Musgatt* vnd Nägl* / stupp. // (9v)

„Milch zuem feyer“: das Wort ‚zuem‘ wurde korrigiert indem das ‚e‘ durchgestrichen wurde.

(27.)

Geselchte zungen auf Welsche* Manier*. /*

Waßere* die zung yber nacht ein, vnd siede* / sie Marb*, schölls* vnd schneyde* sie platlet*, richts* / auf ein schisl* Sträe* Semmbl* presl darauf, vnd / Musgatt*, druckhe* Ein lemany* darauf, öben= / =fahls ein wenig Rindtsuppen*, vnd .3. löffl voll / Pamöll*, auch ein wenig frischen Putter* döckhs* / zue, laß auf einer glueth* woll sieden*, vnd gibs / also warmb*. /

(28.)

Frisch gebrattne zungen auf Franz= / =o*schie* Manier* zu Kochen. /

Nimb ein schene frische Khölber* oder oxen* zungen, / schlags woll* ab, wasch sauber aus, söze ein / guette Rindtsuppen* zue, laß schen Marb* siede$_n$*, / schöls* vnd schneiths* in .2. oder .3. thaill*, von= / einander, schmirbs* mit butter*, lögs* auf ain / Rost* beträffs* mit lemany* Saft, nimb zugger*, // (10r)

Das Rezept bricht bei ‚nimb zugger‘ ab und bleibt unvollständig.

(29.)

Einen Khölberen Schlögl* zu Khochen. /*

Nimb den schlögl* Salz ihm ein, lög* ihm in / ösßig, laß ihm .2. thag drin ligen*, hernach druckh* / ihm auß, Salz ihm ein wenig, vnd besträhe* / ihm mit Mehl*, löge* ihm in ain haisßen* Putter*, / laß ihm betterseiths praun werden, schitte* / hernach össig, Fleisch* suppen, vnd Sauren* Milch= / =Rämb* daran, gewierz* ihm, lög* lemany* schöllen* / drein, vnd ganzen zwifl* mit Nägl* bestöckht*, / laß ihm also khochen, biß er genueg ist, er wirdt / guett, /

(30.)

Ein außgelesten Khalbs* Khopf /* zu Kochen. /

Söze den Khopf zum Feuer*, laß Ihm zimblich / waich Khochen oder sieden*, thue ihm herauß / vnd khiell* ihm ab, hernach leß* Ihm auß, schneit* / das präth* plätlet*, thues in ein Rein*, prenß* Ein / mit butter*, zwifl* vnd Löffl voll Mehl*, nur liecht* / braun, schitte* wein vnd Rindtsuppen* darauf, // (10v) Lemany* bläthl*, gewierz*, ein wenig Saffran*, / laß Ihm also khochen, wanst Ihm anrichten* / thuest, so nimb ain ayr* dotter* darein, von / den hiern khanst ein Pastötten* machen, oder / Pachen*, dise vmb die schissl*, herumb lögen*, / die zung aber khanst auf den Rost* abpreinen*, / so ist es guett, /

(31.)

Geselchte Schwein Schunckhen* guett / zuerichten /*

Wasche die Schunckhen* auß ybersiede* Es daß / waich seindt, thues herauß, ziehe* die hauth ab, / begieß* die schlögl* mit butter*, strähe* Mehl* dar= / = auf, zimmet*, nägl* stupp, ymber*, Pfeffer, Muß= / =gatblie*, Söz also widter in offen*, vnd laß ein / wenig Bachen*, khanst hernach ein zimmet* Suppen, / daryber geben, sye seindt guett, // (11r)

Die Zubereitung des Schinkens fehlt im Kochbuch.

(32.)

Ein Khapaun oder föder* Wiltpräth* / zu khochen, gedempft oder ein zumachen, /

Nimb daß Föder* Wiltpräth, wan es alt so siede* / es biß marb* wirdt, ist es aber Jung, so iber / brathe* es, Bestöckhs* dan mit zimmet*, vnd löge* ihm / wider in die Rein*, gies* guetten wein daran / vnd halben thaill* Rindt* Suppen, gewierz*, mit Pfefer, / zimmet*, ymber*, vnd nägl*, löge* ein stuckh* butter*, / zue, mach den dopf* oben föst* zue, söz zum Feyer*, / laß woll* einsieden*, thue khleine weinpierl*, vnd / geschnitne* Mandl* darein, gilbs* mit Saffran*, zuggers* / gar ein wenig, Richts* also an. /

(33.)

Hiener Piegl Ein zumachen,* /

Nimb die gebuzte* hiener, ybersiede* Sie, ganzer / in der Fleisch* brie, thues herauß, vnd machs zu / viertlen, alsdan lögs* in haisen* Putter*, las ein // (11v) wenig braun werden, schitte* ein Fleisch*= / Suppen darauf, vnd ain löffl voll sauren* / Rämb* darauf, gewierz*, laß also Khochen, wanst / es anrichten* thuest, so thue ain ayr* dotter*, vnd / truckh* ein halben lemany* darein, /

(34.)

Ein Stuckh Rindt fleisch zu Praten*,* /

Nimb ein stuckh* Rindt fleisch, aber ein blath*= / stuckh*, lög* es in ein Rein*, schitte* gesodnen* / ösßig darauf, lög* Rossmarin*, vnd lorberplätl* / darein, laß also .2. thag ligen, darnach du lang / zeit hast, wanst es bratten* wilst, so truckhs* / auß, vnd Salz, Stöckhs* an spiß, vnd bestreich*, / ein papier mit Putter*, vnd verpindts, laß / also Pratten*, bist mainst es sey genueg, als= / dan due daß papier wöckh, vnd bestöckh* daß / Fleisch mit zimmet*, vnd Nägl*, begieß* mit haißen* / butter*, vnd Strä* Mehl* darauf, etliche Mahl, // (12r) las also Pratten*, wanst es anrichten* thuest, so / gib ain zimmet* Suppen daryber, /

(35.)
Lemerer Piegl* einzumachen /*

Nimb die Piegl*, wasch sauber auß, Salz ein, / laß ein wenig druckher* werden, besträhs* / mit Mehl* Lägs* in haißen* Putter*, laß bayder= / =Seyts praun werden thue ein handtuoll* / Khäppry* daran, schitte* Wein, ossig, vnd Fleisch*= / =prie daran, vnd ain Sauren* Rämb*, laß also / khochen, wanst es anrichtten* wilst, so nimb / ain ayr* dotter*, darein strähe* lemany* schöllen* / darauf, /

(36.)
Eingemachte Hiener oder Copaun. /*

thue die hiener oder Copaun*, in ein dopf*, / gieß* waßer daran, Salz nit vill, laß ein / weill* sieden*, gieß* daß wasser ab, vnd guetten // (12v) Wein daran, vnd ein wenig Fleischprie*, / gewierz* mit zimmet*, Nägl*, Mußgäb:* thue / khleine weinpierl* darein, wenig Zugger*, / gilbs* mit Saffran*, und laß also khochen, / sie werden Marb*. /

‚Mußgäb:" steht als Abkürzung für Muskatblüte.

(37.)
Junge Hiener gefilt, vnd in gewierzt*,* / ein zumachen, /

Nimb hart gesodne* ayr*, Neyen Spöckh* grien / Pettersill*, hackhs khlein vndtereinander, / gewierzt*, thue ein wenig Saffran* daran, / vnd khleine Weinpierl*, wan die hiener rain* / gemacht seyndt, so vndergreift* Sie zu Fillen* / vnd vfill* sie mit obgemelter fill*, lögs* gleich in / ain siedentes* wasser, gieß* daß Wasser wider ab, / gieß* guett gesodne* Milch*, oder Rämb* daran, laß / also sieden* biß genueg seyndt, als dan gewierz*, // (13r) wider mit Pfeffer, und Saffran*, auch ymmer* so seindt / sie guett. /

„vnd vfill": Lesart unsicher, die Buchstaben lassen sich nicht klar von einander trennen.
Gefülltes Huhn, in Milch gegart – findet sich auch heute in Kochbüchern.

(38.)

Khalb Fleisch oder Lemberes* ein zumachen. /*

Ybersiede* daß Fleisch, thues einprenen*, mit Putter* / khlein geschnitnen* zwifl*, vnd ein handtuoll* Sembl= / =prosen*, schitte* ein wenig wein daran auch gewierz* / Rosmarin*, vnd lemany* schöllen*, wanst es anrichten* / wilst so gilbs* mit ayr* dotter*. /

(39.)

Hiener auf andere Manier ein zumachen. /*

Nimb die Hiener ybersiede* es daß gleich ver= / =faimben*, wasch auß, gies* guette Fleischprie* daran, / gewierz*, Nimb Putter* pren* es ein wenig ein, vnd / löge* woll Putter* zue, Salz, ybersiede* die Antify* / Stauden, vnd lögs* zu den Hienern, wanst es anrichte$_n$* / thuest, so richte die Stauden*, darauf vnd gilbs*. /

Gebratenes Huhn mit Endiviengemüse und Safransauce.

(40.)

Ein Lung Pratten zu khochen. /*

Nimb den Pratten* ziehe* imb die haut, auswendig. // (13v) ab, lög* imb ein wenig auf den Rost*, laß imb / anlauffen*, hernach lög* Imb in haissen* öſßig, / laß imb iber nacht ligen, löge* Rosßmarin* vnd / lorber* plätl zue, wanst Ihmb khochen wilst / so druckh* Imb auß Salz ihm, vnd besträe* Ihm / mit Mehl*, löge* ihm in ain haisen* Putter*, oder / Faisten*, laß ihm ganz braun Resten*, hernach / schitte* öſßig vnd Fleischprie* daran, gewierz* Ihm, / lög* ain ganzen zwifl* mit Nägl* bestöckht* drein, / ein wenig Sauren* Milchrämb, khanst auch ain voll + / Kappry* daran thuen, vnd laß Ihm also woll siede$_n$*, / richt* ihm an, vnd Sträe* lemany* schöllen* darauf, /

„khanst auch ain voll + / Kappry daran thuen“: bedeutet vermutlich ‚du kannst auch eine Hand voll Kapern hinzugeben‘.
Eine Art von boef à la mode, hierzulande als „Böfflamot“ bekannt.

(41.)

Schäfferne oder Khölberne* Schlögl* zu Khochen /*

khlopfe* sie zimmblich, rests* in Putter* praun, oder / Söz in offen*, schitte* ößßig oder wein, vnd ain / Fleischprie* darauf, auch Sauren* Milchrämb, laß / Starckh khochen, gewierz* vnd thue lemany* schölle$_n$* darein. // (14r)

(42.)

Franzosische Hiener. /*

Nimb die gebuzte* Hiener, zerdeill sie, vnd lögs* / in ain frisch Wasser, thues widter herauß, Salz ein, / söz Putter* yber vnd laß ihm haiß* werden, löge* die / hienner darein, pinde ein Pischl* Pettersill* Khreitl, / zamb, thues darein laß die hienner resten*, biß / ein wenig liecht* braun seindt, schitte* wein dar= / =an vnd Fleischprie*, gewierz* laß sieden*, wanst / es anrichten* thuest, so nimb .2. ayr* dotter* darein, / vnd druckh* ein halben lemany* drein. /

(43.)

Hiener in schwarze Prie ein zumachen /*

Nimb die gebuzte* hienner, ybersiede* sie in der / fleisch* Suppen thues heraus zertheils, thues herauß / in ein Rein*, vnd thues mit Putter* einprenen*, / zwifl* ganz khlein geschnitten*, vnd laß ihm ganz / Braun werden, alsdan schitte* ein gläsl Roden / wein darauf, thue .2. lemany* plätl* drein // (14v) Ein Stickhl* ganzen zimmet*, Nägl*, vnd Pfeffer, / Musgaten*, siede* auch ein handtuoll* schwarze / kherschen*, oder Weixl*, in der Fleischprie*, vnd / dreibs* durch ein härnes* Sib*, thue die Suppen / auch darauf, laß also khochen, daß fein dickh* / ist, khanst auch khleine Weinpierl* darein nembe$_n$, / sie werden guett. /

Gebratene Hühner in einer Kirsch-Rotwein Sauce.

(44.)

Hienner in Putter Pastötten* Einzumachen, /*

Zertheille die gepuzte* hienner, salz ein, Strähe* / ein wenig Mehl* darauf, thues in haissen* butter*, / laß ein wenig dinsten*, due ein handtuoll* Khappry* / darein, Krepsen vnd Khärfioll*, ybersodnen*, khanst / auch Maurachen*, darein nemmben, schitt* es auf / ein schisl*, laß khalt werden vnd schlag es also / in Putter* daig ein, wanst die Pastötten* anrichte$_{n}$* / thues so mach ein Putter* Suppen darein vnd gibs, /

Hier ist die Garmachungsart des Dünstens eigens bezeichnet; kommt ansonsten nicht mehr vor.

(45.)

Khier zungen guett zumachen vnd zuezuerichten //* (15r)

Yber* siede* die zungen zimblich waich thues / herauß khiels* ab, ziehe* die hauth ab, schneyde* schnizl* / daruon druckhs* im Putter* ein, lögs* auf den / Rost*, laß ein wenig anlauffen*, thues in ein / Rein*, schitte* össig, oder Wein vnd Fleischprie* daran / lög* Putter* zue, gewierz*, ganzen zwifl*, mit Nägl* / bestöckht*, zuggers*, nimb auch Weinpierl*, ganze / Mandl*, thueß einprenen* mit Putter*, Mehl* vnd / khlein geschnitnen* zwifl*, doch nit zu dickh*, laß allso / khochen, richts* an, gibe die Weinpierl* vnd Mandl*, / oben dariber, /

(46.)

Guett gefiltetn Copaun* zumachen. /*

Nimb ein ~~guett gefilten* Copaun*~~ gebuzten* Copaun*, leß* / Khrebsen auß, alß dan nimb die schwaifl*, khölberpriß*, / vnd Maurachen*, auch bißn taig*, schneide* es, schen langlet*, / vnd gewierz*. Fill* den außgelesten* Copaun*, darmit, / salz ihm, vnd pesträhe* ihm mit Mehl*, lög* ihm also / in haißen* butter*, vnd laß ihm betterseyds braun, // (15v) werden, dan gieß* wein daran, Fleischprie* / vnd gewierzt* ihmb widerumb, due ein löffl / voll sauren* Rämb daran, und laß ihm also / Khochen, wanst ihm anrichten* thuest Nimb / ain ayr* dotter* darein, vnd Strähe* lemany* / schöllen* darauf. /

(47.)
Hiener zu Pratten vnd zu Fillen*.* /

Nimb die löber von den Hiendlen, Hackhs* khlein, / vnd Faisten* darunder, auch ein Milch* ein gewaikh= / =te* Semmbl*, schlag auch ain ayr* daran, gewierz*, / vnd Fille* die hiendl darmit, vnd Pratt* sie also. /

(48.)
Hienndl oder Lemeres Fleisch* / ein zumachen, /

Nimb die hiendl, zertheills, vnd Salz, besträs* / mit Mehl* oder Semmbl* braßen, Pachgs* im schmalz*, / schitte* alß dan wein vnd Fleisch* suppen daran, gewierz*, / vnd laß also sieden*, khanst auch khlein geschnitnen* / Khnoflacht* darein nemmben, löge* ein wenig Putter* / zue, Richts* an, vnd gilbs* mit ayr*. // (16r)

(49.)
Khranevött vögl guett zu Bratten*.* /

~~Bratt~~ Butte* die vögl sauber, ybersieds*, / Nimbs auß, bis an daß herzl, zertruckhe* khranä= / =böttpier*, thue putter* vnd gewierzt*, darein, / fihl* die vögl darmit, vnd Pratte* sie, Safftig, das / Mueß vor nur ein khlein wenig, ybersiedenlaßen*, /

„Butte" bedeutet vermutlich ‚Putze'.

(50.)
Ein Lemberes oder Khölberes* Fleisch einzumachen* /

ybersiede* daß Fleisch ein weinig, vnd wasch wider / auß, thues in ein Rein*, Salz gewierz*, schitte* Fleisch* / prie daran, vnd thueß mit Putter* einprenen*, vnd / Mehl* schen Liecht* praun, lög* Ein Stickhl* Putter* zue, / Laß also khochen, khanst auch ein wenig Wein darein / nemmben, vnd ein parr lemany* plätl*, wanst es an= / richten* thuest, so gilbs* mit ayr* dotter*. /

„ein parr" bedeutet ‚ein paar', ‚einige'.

(51.)

Hintere Lemere Piegl* guett zue zurichten. /*

Wösche die Piegl* auß, Salz, lögs* ain khlein wenig / auf den Rost*, stöckhs* hernach in den spiß, yberprattes* / alsdan schitte* ein praune Supen vom Rindtfleisch // (16v) fleisch daran, vnd .2. löffl voll sauren* Rämb, / Lemany* plätl*, gewierz*, vnd ösßig, auch ain / handtuoll* Khäppri*, laß also sieden*. /

(52.)

Fleisch *Khnödl* zumachen. /*

Nimb ein prädiges* Khalb* fleisch, hackhs* khlein, ein / wenig faisten* vnd March*, darundter, alsdan / threib* ein butter* ab, in ainer rein*, Reibe* / Remmbl*, so in Milch* gewaickht*, und Sauber, / auß gethruckht* ist, Nimb daß gehackhte* schlag / ein ayr* darein, gewierz*, vnd Salz, laß also / in der fleischprie*, sieden*, vnd Richts* an. /

„Remmbl": es sollte vermutlich ‚Semmbl' bedeuten.

(53.)

Ein gehacht in ain Pastötten* zumachen. /*

hackhe* ein khaltes Prätl*, khlein, oder Khalbfleisch*, / thues in ein Reindl*, thues mit Putter* vnd Mehl* / einprenen*, khlein geschnitne* zärdellen* vnd Reibe* / Lemany* schöllen* darein, schitte* wein vnd / fleischprie* daran, las also khochen, alsdan schitts* / wider auf ein deller*, laß khalt werden, vnd Richts* / in die Pastötten* ein, vnd Pags*. // (17r)

Eine Kombination von Kalbfleisch mit Sardellen und Zitronenschalen als Pastetenfülle, deren Teig hier nicht angegeben ist.

(54.)

Ein Nieren Khoch zumachen. /*

hackh* den geprathnen* Nieren, vnd Mache ein, ein= / =gerierts* darzue, von 6 airen*, löge* ein Stückhl*, Putter* / darauf, hackhs* oder stoß* in ein Merscher*, gewierz*, / Stoß* ein ganze sembl* darundter, die vorhero in / milch* gewaickht* ist, aber sauber aus gethruckht*, / Reibe* Lemany* schöllen* darein, stoß* ein Stückhl* / zugger* darundter, mache also Pafösen* vnd Packhs* / oder schlage ayr* daran, vnd *pags* vor ein Mueß**, es / laufft* schen auf, vnd wierdt guett. /

„pags vor ein Mueß": bedeutet ‚backe es wie ein Mus'.
Ein Rezept einer Nierenfarce für Pafesen oder Auflauf.

(55.)

Regäll gehacht*, zumachen. /*

Nimb ein prädiges* Khalbfleisch*, hackhs* khlein, / souill March*, oder faisten*, souill auch semmbl* in Milch* / gewaickht*, Sauber außgethruckht*, hackhs* vndereinander, / vnd schlag .2. oder .3. ganze ayr* darein, Salz, vnd / gewierz*, mache Khnödl* darauß, füll* Khrepsen. / Murschl*, oder wierstl*, dueß sieden*, pach* es gibs / khalter es ist guett. // (17v)

(56.)

Niern gehackht Präth*, /*

khanst es auch auf dise Manier* machen, an / statt der Faisten*, nimbst Putter*, sonst / khanst es machen, wie dise vorige, und khanst / granadur* darumb machen, /

(57.)

Gehakht in Ein Khleine Pastötten* zumachen /*

hackhe* ein khalbs* prädtl*, oder von einer / herrn oder khalb* Fleisch, thues in ein Reindl*, / Salz, gewierz*, pren* es ein mit Putter*, vnd / Mehl*, vnd ganz khlein geschnitnen* zwifl*, reib* / Lemany* schöllen* darein, thue khleine weinpierl*, / darein, schitte* wein vnd Fleischprie* daran nit / vill, laß khochen, vnd widter khalt werden, / vnd fills* also, in ein khleine Pastötten* ein / khanst auch also auf ein schisl* geben ist. / auch guett. // (18r)

„herrn" bedeutet vermutlich ‚Henne'.

(58.)

Copaun Wierst* zumachen. /*

Lese* einen Capaun* auß, hackh* daß Präth* vnd spöckh* / darundter, auch ain geriertes* von ayr* vnd Putter*, / gewierz*, khanst auch ain Reis* darein nemmben, filß* / also in die sauber gebuzte* Capaun*, ein spög* saitling, / darumb, schmierbe* ein Papier mit Putter*, lögs* auf / den Rost*, vnd prath* es genueg, es seindt gleich fördig /

„ein spög saitling / darumb": bedeutet, man soll den Kapaun mit Speck umwickeln. Rezept für die Füllung eines Kapauns.

(59.)

Khölber Fiesß zu Marginiern*. /*

Yber siede* die Fieß* zimmblich waich, theuß herauß / Butz* sauber, vnd ein Schisl* mit Putter*, richte* die / Fieß* darein, Strähe* Sembl* prosen darauf, gewierz*, / lög* schniz* Putter* darauf, vnd schitte* ain siesen* Rämb / darauf, söz also auf ain glueth*, vnd laß khochen, khanst / auch oben auf glueth* thuen /

„oben auf glueth thuen": bedeutet, man soll auf den Deckel des Kochgefäßes Kohlen legen, um eine Oberhitze zu erzeugen.

(60.)

Ein guette Füll von Khrebsen. /*

Nimb auß geleste* Khrebsen, hackhs* ein wenig, vnd // (18v) Khreitl darundter, hernach khanst andere Khrebsen / absieden*, nur Edliche, die gall* vnd daß schwarz / Äderl* herauß nemmben, vnd also in Merscher* / stossen*, vnd mit Siesen* Rämb abstosen*, schlage / hernach .2. Frische ayr* ab, vnd Seich* die suppen / durch ein diechl* in ein höffn*, in die ayr*, laß / also in einer Pfan* auf der gluett*, thue ein wenig / ösßig darein, sprengen so gehts gleich zusamben, / schitts* also auf ain Sib*, daß wasser wöckh laufft, / Misch also vndter die vorige gehackhte* khrebsen, / Salz nit vill, aber Pfeffer, khanst es also in / Putter* daig ein schlagen*, vnd woll Putter* dar= / auf, vnd nit Starckh Bachen* laßen, /

(61.)

Ein Spinadt Strudl* zumachen, /*

Nimb ybersodnen* spinadt*, hackhe* ihm khlein, auch / Pettersill* khreitl darundter, Rests* in Putter* / vnd gewierz* woll, vnd Salz, gieß* ain löffl voll / Siesen* Rämb darauf, laß khalt werden, vnd mahe / also den Strudl* darauß, wie bewust ist. // (19r)

„vnd mahe": bedeutet ‚und mache'.
Die Angaben zur Fertigstellung fehlen; hier wird auf das Grundwissen verwiesen.

(62.)

Dardofellen zu Khochen. /*

Nimb die dör dofeln*, wasch etliche mahl in haisen* / waser auß, hernach schöll* sie ab, ganz din*, vnd / schneite* sie ganz dinn*, thue hernach Putter* in ein / Rein*, ein zimbliches stückhl*, vnd thue die därdofelle$_n$* / darauf, schitte* ein glässl gueten Rodten Wein / darauf, vnd laß also Khochen. /

Das „dör" bei „dör dofeln" wurde nachträglich eingefügt, es soll Dardoffel bedeuten. Es handelt sich hier nicht um Kartoffel.

(63.)

Gefilte Hiener einzumachen. /*

Nimb sauber gebuzte* Hienner, ybersiede* sie, / halb, hernach schneit* die gurgl*, khurz ab, due / Khrebß Schwaifl*, darundter, thues in ein Rein*, / gewierz*, schitte* siesen* Rämb* darauf vnd laß / also sieden*. /

(64.)

Ein Khölberen Schlögl* auf Franzosische** / Manier* zu khochen. /

Nimb den schlögl* wasch ihm Sauber auß, khlopf* / ihm ein wenig, schneite* oben die zähe* haut ab, // (19v) vnd Nimb ein frischen spög*, schneite* Ihm grob / vnd lang, gewierz* vnd Salz Ihm, spickh* also / den schlögl* auf der seiten, mit den spög* völlig / vnd starckh, schneite* den spög* außwendtig wider / ab, daß man ihm nit Sehen khan, löge* den / schlögl* also in ein weidte Rein*, oder höffn*, / schitte* halb Wein oder össig, auch waser daran, ge= / wierz*, auch Rosmarin*, auch ain zwifl* mit

Nägl* / bestöckht*, döckhe* ihm föst* zue, vnd laß ihm / auf der glueth*, gemacht sieden*, kher* ihm offt / vmb, er wirdt thröfflich guett. /

„schitte halb Wein“: ‚halb‘ wurde nachträglich eingefügt.
„gemacht sieden“: bedeutet ‚gemächlich sieden‘.

(65.)
Schnepfen auf Französchie* Manier* zuprate*$_n$* /

Wan die schnepfen* präthig* seindt, stöckhs* an de$_n$ / Spiß, Brath* sie also frischer, löge* drey oder vier / Sembl*, an den boden, gieß* die ~~Semm=bl~~*-Schnepfe$_n$* / mit putter*, daß woll faimmben* ninb Salz, / besträhe* die schnepfe$_n$* darmit, nimb ein guette$_n$ / Siesen* Rämb*, vnd frischen Putter*, laß vndter // (20r) ein andter zergehen, vnd begies* die Schnepfe$_n$*, thues / auf die brathrein*, Besträhs* mit zugger*, vnd Richts* / an weill sie noch faimben*. /

„ninb Salz“: bedeutet ‚nimm Salz‘.
„weill sie noch faimben“: bedeutet ‚während sie noch schäumen‘.
„Wan die schnepfen präthig seindt“: bedeutet ‚wenn die Schnepfen viel Fleisch haben‘.
„löge drey oder vier / Sembl, an den boden“: bedeutet, man soll Semmel unter den Bratspieß mit dem Huhn legen, um den herabtropfenden Bratensaft aufzufangen.

(66.)
Hiendl zu Praten vnd zu fillen*. /*

Nimb die abgezogne* Mandl*, stoß* khlein, gieß* ein / wenig Rämb* daran, vnd ein wenig semmbl* presl, / schlage ein pahr ayr* dodter*, darein, reibe* Lemany* / schöllen* darein, vnd zugger*, vndtergreifs*, die hiendl, / sauber, und Salz, fihl* sie hernach, vnd Praths* beyn / Frischen Feyer*,. /

(67.)
Mitt Khrebs gefilte Hiener, zu Sieden* in der /* Suppen zu geben, oder zue Pratten*, /

Nimb außgeleste* Khrebsen, Schwaifl*, hackh sie khlein / vnd waickh* ain stuckh* semmbl* in die Milch*, druckhs* auß / vnd hackhs* darein, Salz, vnd gewierz*, woll, schlag / 2 ayr* daran, Nimb ein wenig Rothen* khrebs Putter* / darein, vnd fill* also die hiendl darmit, /

(68.)
Griene Arbeß in Schöllen* zu Khochen fir ein krauth** // (20v)

Wan die arbeß* schen groß seindt, so siedts* / in einer schweineren* Fleischprie* ab, aber / sie seindt nit gleich gesoden*, Nimb ain spöckh*, / khlein geschnitnen*, vnd Rests* darin, gibs also woll faist*, /

„zu Khochen fir ein krauth“: bedeutet ‚zu kochen wie ein Kraut‘. Hier wird für das Kraut spezifisch eine Schweinsbrühe verwendet.

(69.)
khopen auf Welsche* Manier* zu khochen /*

Salze die khoppen* ein, vnd bache* sie auß / in Mehl* vnd sembl* prosen, riers* vndter= / =einandter, hernach Rest* sembl* prosen, in / öhl, gies* ein gläsl wein daran, auch Khappri*, / vnd gewierzt*, druckh* ein halben, lemany* darein / laß also sieden*, gibs iber die Khoppen*, /

(70.)
Ein Allfisch zu Pratten*. /*

Nimb den ällfisch* wierf ihm auf den Pode$_n$, / biß er dott ist, hernach stöckh* ihm mit einer, / gabl durch den Khopf, auf den Thisch, oder Pröth*, / schneite* vmb den khopf herumb die haut ein wenig / ab, vnd ziechs* also völlig herab, zieche* ihm daß / äderl* ihm Rugen* auch hinwöckh, mache schene // (21r) Khrindl* darein, vnd schene ~~khrindl*~~ stickhl* daraus / lögs* inn ein Rein*, gieß* siedenten* Wein, daran, / gewierz* mit Rosßmarin*, vnd lorberplätl*, stöckh* / yber ein weill* wider in Spiß, vnd Salfelplätl* / entzwischen, prath* es also, thruckh* Lemany* Safft* / darauf, laß also fein safftig Pratten*, vnd Richts* an. /

Fischstücke am Spieß, mit Kräutern dazwischen.

(71.)

Aschen* in Putter* zu Khochen. /

Nimb die arschen*, schieppes*, machs auf, schneyde* Putter* / in ein Rein* oder khösterl*, laß den Putter* woll* / haiß* werden, besträe* den Fisch mit Mehl*, vnd lög* / ihm darain, Rest* ihm schen praun, auf allen seithe$_n$* / gieß* arbes* prie, vnd ein gläßl wein, daran, thue / Putter* darauf, vnd gewierz*, vnd laß ihm also / sieden*, vnd gib ihm also warmer auf den thisch. /

(72.)

Nein Augen* zu Khochen. /

thue die Neün augen* lebentig in ein höffen* gies* / ein siedentes* wasser daran, schneite* Ihnen die / Khöpf, vnd schwaif* daruon, hernach khanst es absiede$_n$* // (21v) wie Einen anderen Fisch, allein lang miessen / sie sieden*, vnd gibs also in arbes* prie, /

(73.)

Rindtfleisch in ain ~~arb~~ Pastötten* / ein zuschlagen*. /

Nimb ain Stuckh* Rindtfleisch, schneite* dine / schniz* daruan, Khlopfs* vnd druckhs*, spickhs* mit / grosßen spöckh*, thues ein paisen*, vnd schlag* es / hernach in ein Pastötten* ein, löge* schniz* spöckh* / auf den poden, vnd löge* Putter* zue, gewierz* / auch lemany* plätl*, Rosmarin*, vnd Maran*, / auch Pasßilium* Khreitl, darein schneiten*, vnd / Pachs* also wanst die Pastötten* aufschniten* thuest / so schöpf die faisten* ab, vnd schitte* ein andtere / guette praune suppen darein. /

Rindfleisch am Stück, in Pastetenteig gebacken – heute wird gerne Salzteig verwendet.

(74.)

Pollnisch Rindtfleisch /

Nimb ein schenes stuckh* Rindtfleisch, wasch auß, / dan söz zum Feyer*, wie sonst ein ordinary Rindt= / fleisch, laß nur so vill sieden* Biß verfaimbt*, // (22r) hath, hernach söz wider wöckh, Laß yber Nacht / stehen, den anderen thag ninbs vnd spickhs*, / Stoß* khranärbött* bierl, vnd gewierz*, vüll* / vndtereinandter, strähs* da hinein, wo du drein / geschniten* hast, dan thues in ein dopf*, schite* / ösßig vnd wein auch fleischprie* daran, Ros= / =smarin*, vnd lorberplätl*, auch ganze zwifl* mit / Nägl* bestöckht*, darnach döckhs* mit einen döckhl / zue, vnd vermache den döckhl herumb mit daig*, / daß khein danpf auß mag, laß also sieden*, / gib aber acht daß es nit anprinen* thuet, / wanst es anrichtes*, so mache zimmet*, oder / Khärdellen* Suppen dariber, /

„ninbs vnd spickhs" bedeutet ‚nimm und spicke'.
„mache zimmet, oder": der Buchstabenbestand bei „zimmet" ist unsicher, könnte auch als ‚zimmest' gedeutet werden.
Rindfleisch im Dampf, mit vielen Kräutern gegart, für besonders intensives Aroma.

(75.)
Ein spöckh dorthen* zumachen.* /

Nimb vngesalznen frischen spöckh*, hackh* ihm / khlein, nimb souill gestosne* Mandl*, als spöckh*. / rierß* woll ab, schlage ayr* dotter* daran, Nimb / wohl zugger*, vnd zimmet*, daß schen Braun wierdt, / gieß* Rosenwaser* darein, Riers* wohl ab, // (22v) schmierbe* ein schisl* mit Putter*, mache / ein dines* plätl* von Putter* daig*, vnd / schitte* dise Fihl* darauf, khanst auch oben / driber ein döckhl machen, packhs* also vnd / Strähe* zugger* darauf, /

Ein süßer Mandelblätterteigkuchen, statt Butter wird jedoch Speck verwendet.

(76.)
Eingemachte Riebenrs yber ein Frisch* / gesodnes* Rindt fleisch /

Nimb Putter* in ein Rein*, prene* ain löffl / uoll mehl* ein ganz braun, thue eingemachte / Riebers* darein, vnd schitte* ain gläsl wein / darauf, laß also ain Sutt* thuen, vnd gibs / ybers Rindt fleisch. /

(77.)
Zungen zu Paisßen.* /

Nimb ain Rohe zung, schneite* die drostl* wöckh. / vnd khlopfe* die zung mit einen Schlögl*, oder / Stain, daß lindt* wierdt, nimb Rothe raner / Ruemb, siedts*, vnd schneits*, schen scheiblig*, / und löge* die in ein haffen*, rundt herumb, vnd // (23r) Ein galand[er]*, vnd aneiß* zerstosen*, Salz die / zung wohl, lögs* darauf, nimb ein wenig / mehr Rämb* alß aneiß*, wan die zung ein / gelegt ist, so schitte* rothe Putter* prie* daran, / vnd schwarß* mit einem Prödt* nidter, vnd laß / also stehen biß du es Brauchen wilst, siedts* / und mache einen Pfeffer* dariber, oder ein / anders gschärb*. /

Die Roten Rüben dienen hier zur Rotfärbung der Zunge.

(78.)

Zung in ein Pastötten zumachen. /*

siede* die zung daß die hauth abgehet, ziechs* her / ab, vnd schneit* schniz* mösßer* ruckhen dickh*, nimb / Frische faisten* khlein gehackht*, vnd wohl abge= / = wierzt*, Richte* also die zungen schniz* in die Pa= / =stötten*, vnd bestöckhs* mit ganzen Nägl*, wanst / ein lög* Solche schniz* gelögt*, als dan ein lög* Faiste$_{n}$*, / dan widter solche schniz*, vnd also forthan, söz die / Pastötten* in offen*, vnd pachs*, mache undter desen / ainen Pfeffer* darzue, der guett gwierz* ist, schneith* / die Pastötten* auf, schitte* die faisten* herauß, in // (23v) den Pfeffer*, laß sieden* hernach Schits* wider / in die Pastötten*, vnd laß noch ein wenig / pachen*, so ist es guett. /

(79.)

Ein andere guette Fihl in ain /* dorthen*. /

Wasche ziböben* sauber auß, vnd drickhers* ab, / die Khern herauß, zerschneits* zu .4. thaill* / Nimb darzue sauber abgeribne* Mandl*, / eingemachte ziterany*, vnd grobgestosnen* / zimmet*, mache ihm nit zu len* an, gieß* vnd / Fihl* Ihm ein, man mag auch an statt des / zitrany* feigen* nemben, vnd khlein schneyden*, / aber anstatt alß dan, mueß man Mußgatten* / blie darzue nemben, vnd also einfihlen* wie / den vorigen dortten*, /

Eine Art von Tarte mit getrockneten Früchten. Der Zusammenhang mit dem vorigen Rezept fehlt.

(80.)

Ein guette öpfl Fihl* zumachen. /*

Man Mueß guette öpfl* schöllen*, vnd schneyden* / zu Spältlen*, nimb haisen* butter*, Rests*, vnd // (24r) laß schen praun werdten, schneyde* rosßmarin* khlein, / wasche weinpierl*, nimb auch grob gestosne* Mandl*, / yedes ein handtuoll*, thues darein, ~~Im~~ zimmetstupp*, / vnd eingemachte zitrany*, machs nit zu Len*, vnd / wohl sies von zugger*, riers* also ab, vnd

Fihls* in / den Putter* daig*, khanst auch ein Plath* dariber schneide$_n$*, / vnd ain Plöcheren* Raif* darumb machen, so khanß / nit ablauffen*, pachs* also khiehl* in offen*, /

Ein Rezept für einen gedeckten Apfelkuchen.

(81.)

*Ein andere guette Fihl**. /

Nimb khlein gestoßne* Mandl*, vnd souill Rothen* zuger* / Rosath*, vnd wohl durchein andter gestosen*, auch ain / zimbliches Stuckh* Putter*, wierdts von zugger* Rosath* / nit sieß genueg, so khanst andteren zugger* darein / nemmben, vnd khlein geschnitne* Lemany* Söllen*, die / eingemacht seindt, fihls* also in einen guetten daig*, / es ist guett, /

„Lemany Söllen": „Söllen" wurde ausgebessert und bedeutet ‚Limonen Schalen'. Eine Art von Mandelkuchen.

(82.)

*Ein guette Fihl** *von Weixlen**. // (24v)

Lese* die khern aus den Weixlen*, z thue wohl / zugger* darauf, daß sies werden, dan nimb / geriebne* Semmbl*, Rests* in Schmalz*, daß schen / Liecht* Seindt, gieß* daß schmalz* widter ab dar= / =uan, nimb wohl zimmet Stupp darundter, Misch / also vndter die weixlen*, Laß also mit ein andter / ein wenig sieden*, Biß die sembl* waich wierdt, / fihls* also ein, es ist ain guette fihl*. /

(83.)

*Geselchte** *zungen zu Khochen.* /

Nimb die zungen, vnd wasch sauber, Laß siede$_n$* / Biß waich wierdt, ziech* die hauth ab, schneide* / sie schen stuckh* weiß, oder dine schnizl*, Lögs* in / ein Rein*, vnd schitte* Roden wein darauf, yber / siede* die weixl* in fleischprie*, threibs* durch, / vnd thues darauf, Salz, vnd gewierzt* wohl, mit / zimmet* vnd Nägl* stupp*, pren* es ein wenig ein praun, / Laß also khochen, khanst auch ein Stuckh* zugger* darein / nemmben, ziwöben* vnd Mandl*, wanst die Mandl* / abgezogen* hast, so Rests* in Paumböll*, widter Braun, // (25r) vnd thues darein, es gibt einen guetten geschmach*, /

(84.)

Frisch gesondnes Rindt fleisch guett zumachen, /*

Wan das Fleisch gesoden* ist, so thueß in ain / schißl*, vnd Bestreigs*, mit ayr* dodter*, vnd strähe* / geribnen* Pärmäßän* khäß, darauf, söz also ~~dar=~~ / ~~auf~~ in offen*, vnd Laß also ein wenig yberbrathe$_n$*, / gibs also auf die daffl*. /

Das einzige Rezept mit Parmesankäse, dann gratiniert.

(85.)

Hiendl Mitt Mandl zu Fihlen* vnd zu Brathen* /*

Stosß* ein handtuoll* abgezogne* Mandl*, thues in / ein Reindl*, gieß* ein wenig siesen* Rämb* darauf, / auch ein wenig Semmbl* Broßen*, schlag ein ayr* daran, / reib* Lemany* Schöllen* darein, vnd gewierzt*, wan / du willst khanst auch ~~leman~~ Weinpierl* darein nemmbe$_n$, / vnd vndergreif* die hiendl sauber, vnd fihls*. /

(86.)

Ein Pomädl zu machen. //* (25v)

Nimb ain guette Fleischprie*, in ain Pfandl*, / Bäe* .3. Semmbl* schnitl*, in Schmalz*, vnd thues / darein, gewierz*, vnd lög* ain Stickhl* Putter* dar= / =ein, Laß khochen, spriedls* ab, vnd wanst es an= / =richten* thuest, so nimb ain ayr* doder* darein vnd / ~~giblst~~, gibs, /

(87.)

Ein anderes spinädl zumachen, /*

Nimb ain wenig Wein in ain rein*, auch ain / Stickhl* zugger*, Lemany* Schöllen*, ein wenig / Putter*, laß auf sieden*, strähe* hernach gereste* / Semmbl Prosn darauf, laß also dickh* ain sieden* / gibs warmer. /

Es handelt sich hier um kein Rezept mit Spinat.

(88.)

Spinadt Strudl* zumachen. /*

siede* dem spinadt* in wasser, druckh* ihm auß, / vnd hackh* Ihm khlein, Rest* ihm in Putter*, ein wenig, / eingeriertes* darein, vnd geribne* Semblpresl*, / schlags in ain fleischprie*, vnd laß sieden*. /

„Rest ihm in Putter": „in" wurde nachträglich eingefügt.
Hier ist nur die Fülle für den Strudel angegeben.

(89.)

Die Schnepfen auf Französchische* / Manier* zu Prathen*. //* (26r)

Richte* sye an Spiß zum prathen* wie sonsten / begiesß* mit butter*, vnd besträs* erstlich mit Salz, / vnd halb zugger*, Löge* sembl* schniten*, darundter, / Begieß* ihm mit siesen* Rämb*, vnd frischen Putter*, / wans schier gebratten*, so besträhs* noch ein Mahl mit / Salz, vnd zugger*, richte* die schnepfen* auf die Semmbl* / an, weill sie noch Faimben*, /

Die ersten beiden Zeilen des Rezeptes weisen eine von der üblichen Handschrift geringfügig abweichende Form auf.
„weill sie noch Faimben": bedeutet ‚während sie noch schäumen'.
„wans schier gebratten": bedeutet ‚wenn sie beinahe gebraten sind'.

(90.)

Ein Haßen in ein Pastötten* ein zu schlagen*. /*

Nimb den hasen*, laß ihm auf den Rost* ein wenig / anlauffen*, khanst ihm auch einpaisen* wie ein / Khalbfleisch, mache ein praun eingebrendtes*, / schitte* wein, ösßig, vnd Supen darauf, aber / nit vill, khanst auch ain handtuoll* Khapry* dar / an thuen, vnd gewierz*, schlage* den hassen* in / die Pastötten* ein, vnd gieß* ein prie* darauf, / vnd Putter*, auch lemany* Plätl*, Laß also bachen*. / vnd gibs in der Pastötten*, warmb oder khalter, // (26v)

(91.)

*Auf ein andere Manier**. /*

Lög* ain schenes Stuckh* hassen*, auf den Rost*, / Bestreichgs* wohl mit Putter*, vnd gewierz*, / darauf, Beträpf* ihm imberdar mit Lemany* / Safft*, vnd gib ihm also, oder mach ein rechte / Khappry* Suppen dariber, /

(92.)

Einen Rumbl zu Khochen. /*

Wasche den fisch Sauber ab, thue ihm absieden* / wie ein andteren fisch, schitte* warmben* Putter*, / dariber dariber ab, vnd nimb gewierz*, vnd / Mehl*, auch semblprosen*, geschnitnen* Rosmarin* / vnd andtere Khreidl*. Misch dises alles vndter / ein andter, vnd strähs* daryber, söz hernach / in Pastötten* offen*, laß Ihm also anziehen* / gib Ihm also auf die daffl*, sonsten khanst / auch wohl ein Supen, dariber geben. // (27r)

„dariber dariber": Wortwiederhohlung.

(93.)

Schnegen* ein zu Machen. /

Ybersiede* die Schnegen* vnd buz* sauber her / =nach nimb ein wenig Paumböll* in ain Pfändl*, / vnd pren* ain Löffl voll Mehl* ein, vnd ganz khlein / geschnitnen* zwifl*, Laß ganz Braun werden, thue / die schneggen* darein, vnd laß ein khlein wenig mit / Resten*, dan thues in ein Reindl*, schitte* wein vnd / ößig auch ~~fleisch~~ arbes* prie* daran, gewierz*, vnd schneyde* / Rosßmarin* ~~gan~~ gar khlein, thue ihm darein vnd / Laß also khochen, wanst es anrichten* wilst, thues / wider in die heisl*, oder gibs in der prie*, auf ain schisl*. /

„auch fleisch arbes prie": „arbes" wurde nachträglich eingefügt.

(94.)

Forellen oder Seibling* in Rosßmarin** / Suppen ein zumachen. /

Nimb die Fisch Mach* sie auf, alsdan Salz ein, vnd / Laß ein wenig Ligen, Nimb öell in ein weide Pfan* / vnd lorberplätl*, streich daß Salz widter ab, vnd / besträhe* die Fisch mit Mehl*, Lögs* hinein in daß haiß* / Paumöll*, Laß braun Resten* Baidterseyds, Rest* // (27v) Semmbl* Prosen in öhl, vnd khlein gehackhten* / zwifl*, schitte* ain gläsl alten wein daran, / vnd gewierz*, schneide* Rosmarin* gar khlein, thue / ihn auch darein, khanst auch ein wenig zugger* / daran nemmben, laß also sieden*, vnd gibs warmb* /oder khalter. /

(95.)
Einen Waller zu Khochen /*

Erstlich schleimb* ihm ab, Mache schene Stuckh* dar / auß, laß ihm ein weill* in Salz ligen, dann Söz / halb ösßig halb ~~wein~~ waser iber, vnd schitte* den Waller* / in die Pfan*, laß ihm sieden*, vnd wan er thaills / verfaimbt*, so gieß* die prie* ab, vnd siede* gutte$_n$ / lezelten*, in Wein, dreib* ihm durch, vnd schneyde* / grossen zwifl*, Rest* ihm in Schmalz*, vnd / lög* ihm auch darein, gewierz*, thue Putter* vnd / zugger* darein, vnd laß den fisch darin khochen, / die prie* khanst auch gilben*, /

„halb wein waser“: „waser“ wurde nachträglich eingefügt.

(96.)
Ein Waller Schwaif* zu Khochen //* (28r)

Nimb den schwaif* schleimb* ihm ab, schneyde* khrindl* / darein Salz ihm ein, vnd prath* ihm, auf einen / Rost*, Bestöckhe* ihm mit ganzen Nägl*, vnd zimmet*, / auch Mußgätt*, Besträhe* ihm mit Semmbl* Presl, / vnd dräpfe* ihm mit lemany* Safft*, vnd löge* / lemany* darauf, gib ihm also auf die daffl*. /

(97.)
Forellen zu Sieden*. /*

siede* die Furelln* ab, löge* lorber* vnd salfel* darzue, / wanß gesoden* seindt, so seich* sie ab, thue Pfeffer / vnd ymber* daein, gieß* guetten ösßig vnd öhl daran, / döckhs* zue, vnd laß noch ein Suth* thuen, thues widter / herab, vnd Richts* an, lög die Plötter* darauf, /

(98.)
Frische Lax oder Höchten* zu Khochen. /*

Schiepp* die fisch, schneide* khrindl* darein, vnd Mach / Stuckh* darauß, Salz, lögs* in ain Rein*, gieß* öhl / daran, vnd khlein geschnitnen* zwifl*, auch Petersill* / wurzl*, döckhs* zue vnd laß sieden* vnd preglen*, / wanß genueg, so schitte* ain gläßl Wein darauf, vnd / gewierz*, laß sieden* vnd gibs, // (28v)

(99.)
Schildt Khrotten zu Khochen. /*

Nimb die Schilt* Khrotten, hackh* Ihnen die khöpf / vnd schwaif* ab, wan Sie es nit herauß Röckhen / wollen, so lög* ihnen ein glueth* vnder den Pauch* es / röckhen sih gleih herauß, hernach ybersiede* es, / vnd Probiers, wan der Poden, oder döckhl wöckh / gehet, so seindt sie gesoden* genueg, thues her= / = auß in ain Frisch waßer, vnd khlaubs* Sauber, / die Schwarze hauth sauber wöckh, die löber* sauber, / thue die gall* wöckh, thue gelbe ayr* dotter* darzue, / darnach Söz ein Putter* yber in ein Rein*, vnd / Strähe* ein weniges Mehl* darein thue die Schilt* / Khrotten darauf, laß gar ein wenig dinsten*, / schitte* wein daran, vnd arbas* brie*, gewierz* vnd / laß sieden*, wan du es anrichten* thuest, so nimb / ain ayr* dotter* darein, vnd druckhe* ein lemany* Safft* / darauf, Richte* sie also an. /

„wan Sie es nit herauß Röckhen“: bedeutet ‚wenn die Schildkröte den Kopf und den Schweif nicht aus dem Panzer herausstrecken‘.
Mit „Poden, oder döckhl“ ist der untere sowie obere Teil des Panzers der Schildkröte gemeint.

(100.)
Schnegen ein zumachen. //* (29r)

Yber* siede* die Schnegen* Buz sauber, hernach / nimb ein wenig Paumböll* in ain Pfan*, vnd / prene* ein Löffl voll Mehl* ein, schneide* zwifl* ganz / khlein, laß ihm ganz Braun werden, thue die / schneggen* darein, laß ein khlein wenig mit reste$_{n}$*, / alsdan thues in ain Rein*, schitte* wein, vnd ößßig, / auch arbes* prie* daran, gewierz*, vnd schneite* Ros= / =marin* khlein, thue ihm auch darein, laß also khoche$_{n}$, / wanst es anrichten* wilst, fihls* wider in die heisl*, / oder gibs ohne heisl* auf die daffl*. /

Dieses Rezept ist inhaltlich ident mit Rezept Nummer 94.

(101.)

Schneggen in den Heislen* zuprathen*. /*

Yber* siede* die schneggen* buz sauber, hernach / nimb Putter*, Salz gewierz*, vnd Pettersill*, / Khreidl*, auch ain handtuoll* semmbl* presl*, dariber, / riers* vnder ein andter ab, vnd thue die Schneggen* / widter in die heisl*, fihls* oben mit Putter* zue, / vnd Richts* auf ain Rost*, laß also Pratten*, vnd / richts* an. // (29v)

(102.)

Ein gefilten Stockhfisch* zumachen. /*

Nimb ain Stickhl* Rundt* Fisch, vnd wäßßere* / den selben ab, wie einen andteren, hernach / lese* den Stockhfisch* herauß, auß der hauth, / schieppe* die selbe, hackh* den herauß gelesten Stock* / =Fisch gahr khlein, thue ein wenig gerierhrtes* dar / zue, dauch ain Sembl* in ain Milch, druckhs* saub$_{er}$ / auß vnd hackhs* darundter, Saly vnd gewierz*, lög* / Putter*, zue, vnd schlage rohe air* daran, fihl* also / dise hauth, darmit, vnd döckh* es zue, söz ihm al= / so in Pachoffen*, vnd laß ihm pachen*, gib ihm also / ganzer, auf die daffl*, /

„Saly vnd gewierz“: bedeutet ‚Salz und Gewürze‘.
Aus dem Fischfleisch wird eine Farce bereitet und diese in die Haut eingefüllt und alles gebacken.

(103.)

Wierst an einen Fastag. /*

hackhe* auß* gelestes rohes höchten* präth*, vnd / ein geriertes*, darzue, gewierz* wohl, vnd / Reib* Lemany* schöllen* darein, Salz nimb Semmbl* / Prosen*, vnd siesen* Rämb* darzue, // (30r)

(104.)

Ein guettes Höchten Khrauth* zumachen. /*

Nimb ain saures* khrauth*, siets* an die statt. her= / = nach schitte* daß Waßer ab, vnd Salz, thues, weiß / einprenen*, mit khlein geschnitnen* zwifl*, vnd ain / Löffel voll mehl*, thue 2. löffl Sauren* Rämb* daran, / nimb auß gelesten* Höchten*, daß er Sauber / gekhlaubt*, ist, daß khein gräden* darin ist, misch / ihm darundter, Laß noch ain Sudt* thuen, vnd / Richts* es an, khanst auch gebrathnen* Höchten* Stickhl* / darauf lögen*, auh gebrathne* Schneggen*, in heisl* / darumb herrichten, so ist es guett, /

„auh gebrathne Schneggen“: bedeutet ‚auch gebratene Schnecken‘.

(105.)
Marginierte Forellen* zu khohen. /*

Nimb die Forelln*, pachs* hernach in öhl, oder Schnalz*, / thues in ein Rein*, schitte* ösßig vnd öhl daran, vnd / thue Paumöhl* darauf, vnd große wein* pierl*, / Laß also ain tag stehen, thue auch Rosmarin* vnd / Lorber* plätl* darzue, khanst auch andter Fisch also / Marginiern*, aber ohne Paumböhl* oder weinpierl*, // (30v) Mach ein suppen dariber, Nimb ösßig vnd öhl / vnd guetts gewierz*, laß undtereinandter siede$_{n}$* / und gibs, /

„öhl, oder Schnalz“: bedeutet ‚Öl oder Schmalz‘.

(106.)
Ein guetter Khrebbßen Mueß, /*

Nimb Khrebbsen, schneyde* die khöpf wöckh, thue / daß schwarze äderl* am schwaifl* herauß, Stoß* die / khrebsen in ain Merser*, schitte* ain Siesen* Rämb* / daran, daß hipsch dinn* wierdt, Seichs* durch thuech* / oder Sib*, thues in ein pfan*, laß siedte$_{n}$*, riers* mit / ain löffl auf, so wierdts schen dopfet*, schitte* ain / khlain wenig ösßig darauf, lögs* also auf ain Sib*. / so rindt die Milch* hinwöckh, thue den dopfen* zusambe$_{n}$, / Blätlen*, schnaidts* also auf ain schisl*, vnd Mache ain / siese suppen dariber, /

(107.)
Pfrilln in Putter* Suppen. /*

Nimb die Pfrilln* Salz nit vill, nimb ain gläsl / wein daran, vnd ain Stickhl* Putter*, in ein Pfan*, / auch ganzen Pfeffer, laß also sieden*, aber nit / lang, gibs also auf die daffl*. // (31r)

~~*Gefihlten* Höchten*~~* /
~~*Ein guettes Mandl* Khrauth*~~* /

(108.)

Guette Prigl khrapfen* zumachen /*

Nimb 1 virdtung* Mandl* vnd ¼ ℔ zugger* und ½ ℔ Mehl* Riers* wohl / undtereinandter ab, ninb zimmet* stupp* Nägl* stupp* / daß schen Braun wirdt lemany* Safft* vnd schölle$_n$* dan Nimb 3 air* dotter* vnd / ein wenig Milch* mach ihm nit zu len* an vnd Brath* / sie also so seindts Recht, Magst auch ain Eiß* darauf / Machen, /

„℔": Zeichen für Pfund.
„½ ℔ Mehl": „Mehl" wurde nachträglich eingefügt.
„ninb Zimmet stupp": bedeutet ‚nimm Zimtpulver'.
„Safft vnd schöllen": „schöllen" wurde nachträglich eingefügt.
Es finden sich die Zutaten, die komplizierte Zubreitung fehlt.

(109.)

Ein guette Suppen yber ein Wiltprath* /

Siede* daß Wiltpräth* wan es gesothen*, wasch sauber / auß, ninb ein rein* gieß* ein suppen von den Wiltprath* / darein, gieß* auh Esig daran, Nimb in ain pfan* ein Stuckh* putter* laß ihm / zher gehen thue sembl* prosn* zwifl* praun Reste$_n$*, / schitts* in die Suppen, thue Imber* pfeffer lemany* / schöllen*, auch khlein gestosne* khranaböth* pierl* daran / thue daß Wiltpräth* darein laß siede$_n$* vnd gibs, // (31v)

„ninb ein rein": bedeutet ‚nimm einen Bräter/Kasserolle'.
Die Passage „gieß auh Esig daran": wurde nachträglich eingefügt und bedeutet ‚gieße auch Essig hinzu'.

(110.)

1. Ein guette Rindt* supe$_n$* zumache$_n$ /

Hage* Erstlich hener ~~Mägl~~ löberl* gar khlein / reste* sie in ein wenig butter* thue Nagl* / Stup* darzue auch waß grienß* hernach Streich* / es auf bätte* schnidl* lög* es in ein schißl* gieß* / die Rindtsupe$_n$* dariber vnd gilbs* so khanst / auch von höchten* löber* mache$_n$ ein guette supe$_n$ /

Die „1" am Rande könnte für das „ein" stehen; was dann für ein Schreibversehen bei einem Diktat spräche.
Eine Suppeneinlage aus Hühnerleber und Gewürzen auf Semmelschnitten.

(111.)

Ein guette hener supen zumache$_n$ /

Erstlich stose* die hener beiner in ein Merscher* / khlein thue 2 bätte* schnidl* darundter stose$_n$* / aber in ein fleisch* supen* thues vorhero ein* / truckhen*, thues in ein häfflein*, laß sieden* gieß* ein / fleisch* supen* daran, darnach dreibs* durch ein / sib*, Mach* es mit butter* vnd Mehl* vnd sembl* / presl* ein wenig zury, gewirz* es, khanst auch die / löber* vnd Mägl* darauf anrichten* /

(112.)

Ein guette ~~Eyr~~ hirn* supen zumache$_n$ /

Erstlich siede* daß hirn* seich* es ab, hagß* / thues in ein häfferl* gieß* fleisch* supen* dar // (32r) an spridl* ein odter 2 ayr* dodter* darein, vnd / reibe* ein Mußgatnus* darein Pfeffer vnd gilbß* / löge* auch butter* darein spridl* es ab vndtereinandter / laß ein khleines sidl* thuen Mach* es mit butter* / vnd Mehl* zury, laß nit lang siedten*, richts* / auf pätte* schnidl* an vnd gibs auf die daffl* /

„Eyr hirn supen": „hirn" wurde nachträglich eingefügt.

(113.)

Die wein supen zumache$_n$ /

Nimb Erstlich ain halb Maßl* wein vnd 2 air* / dotter* spridl* es ab, nimb saffran*, Mußaatplie* / darein, bren* ein wenig ein, Ehe es anrichts* / lög* ein butter* darein, wan duß nit ein* prenen* / wilst so nimb vmb ain ayr* dodter* mehr, vnd / richts* alsdan auf pätte* schnidl* an, /

(114.)

Die Maullpyr* supen zu mache$_n$ /

Nimb Erstlich 2 löffl voll Maullpör* safft*, 4 / löffl voll *Mußcateller** wein, vnd von 4 Lemany* / den Safft*, thues in ein Reindl*, laß siedten* / lög* ein prögl* butter* darein, diß khert yber / die wilt fisch, // (32v)

„diß khert yber / die wilt fisch": bedeutet ‚dies gehört über die Fische gegeben'.

(115.)

Die Rämb* supen* zumache$_n$ /

spridl Erstlich 2 ayr* dodler* in ain khändl* / rämb*, nimb ein wienig butter* in ein khupfern / bfan*, vnd ein wenig Mehl*, gieß* den Rämb* / darein, vnd khlopf* es mit einen löffl ab, daß / nit an* brindt*, so khanst duß auch yber ain ~~brth~~ / brädtfisch* vnd ein prögl* putter* an den fisch / lögen*, so laß auf der gluedt* breglen* darnah / lög* ein prögl* ~~darein~~ zugger* darein, so khanst / es auch auf ein sembl* anrichten*, vnd zirdt* dar / auf streiche$_n$* /

„2 ayr dodtler": bedeutet ‚zwei Eierdotter'.
„nimb ein wienig": bedeutet ‚nimm ein wenig'.
„gluedt breglen darnah": bedeutet ‚Glut breglen darnach'.

(116.)

Ein khrebs supen zumachen /

Estlich stoß* die schallen* in ein Merscher* khlein / vnd ein wenig butter* darein, vnd ein bätts* schnidl* / thues in ein häffrl*, gieß* ein arbäs* prie* darein / laß sieden* darnach seich* es durch ein Sib* thues / widter in daß häfferl*, Mach* es zury mit Mehl* / vnd spridl* 2 ayr* dodter* darein, gilbe* sie khanst / auch ein wenig wein daran giese$_n$* iß recht, // (33r)

(117.)

Ein guette fasten supen zumache$_n$ /

Nimb ein wohl gebrattnes* ferchl*, thues in / ein Merscher*, vnd ein stängl* Rosmarin* darzue, / vnd Edliche Mandl*, stose* sochles vndtereinandter, / vnd nimb ein guette arbäs* prie*, dreibe* solches / durch, lög* ein butter* daran, vnd salz, und gieß* / yber die pätte* schnidl* ab, iß Recht, /

„stose sochles vndtereinandter": bedeutet ‚stoße solches untereinander'.

(118.)

Die Pistäzi* Supen zumachen /

Erstlich Nimb von 4 Pämeränzen* den safft, / vnd ein sechigtaill *Mußcat** wein, 6 tropfen zimmet* / waßer*, oder rosen* waßer*, vnd ein sechig thaill / frisches brunen waßer, lög* Haßl* nuß gros / siesen butter* in ein rein*, laß Ihm zergehen, / thue auch zwischen zwey fingren ein schenes*

Mehl* / darein, laß ein wenig liecht praun werdte$_{n}$, gieß* / hernach alles darein, laß schen siedten*, wan du / es anrichten* wilst, so lög* ein wenig bischgotten* dar / ein, ist auch guett vor khrankhe Leith, / den der du Pist in den himel // (33v)

„vnd ein sechigtaill Mußcat wein": bedeutet ‚und denselben Teil Muskatellerwein'. „den der du Pist in den himel": dieser Zusatz ergibt im Kontext des Rezeptes keinen Sinn. Als Strophe des Vaterunsers stellt es ein Gebet dar.

(119.)
Ein guette fasten supen zumache$_{n}$ /

Nimb Erstlich ein geresten* höchten* khopf, Stigl*, Stoß* / in ein Merscher* khlein, darnach thueß in ein reindl* / gieß* ein arbas* brie* daran, laß siedten*, nach / den seich* es ab, durch ein sib*, vnd laß siedte$_{n}$*, / Mach* es zury mit dem butter* vnd Mehl*, schen / liecht praun, auch gewirz* daran, Salz, es / ist guett /

„Nimb Erstlich ein": „ein" wurde nachträglich hinzugefügt.

(120.)
Gratinierts* Sipl zumache$_{n}$ /

Erstlich nimb ein gebrattnen* kraneweth* vogl*, / vnd 5 Nägl*, vnd ein wenig Lemany* schöllen* / Stoß* sollches durchein andter ab, schen khlein in / Merscher*, darnach treibs* durch ein sib* nimb / ein fleisch* prie*, odter hener supen, gieß* eine$_{n}$ / haißen butter* darzue, so iß es guett, vnd ge / sundt,

Gratinieren in unserem Sinne erscheint hier nicht.

(121.)
Die dotter* Supen zu mach$_{en}$ /

Erstlich nimb ein wenig frisches waßer // (34r) in ein häfferl*, vnd schlag die ayr* dodter* darein, / vnd spridl* es ab, hernach thue ein fleisch* suppen* / daran giesen*, vnd gilbs* iß recht, /

(122.)
Die Mandl* supen zumachen /

Erstlich stoß* die Mandl* gar khlein, dreibs* / mit ein rämb* odter guetten Milch* durch, ~~saß~~ / laß es wohl siedten*, thue zuger* daran, richts* / es auf pätte* schnidl* an, vnd Strä* zimmet* dar / auf so iß es gar guett, /

(123.)
Ein Supen yber Hendl zumachen, /

Nimb ein gebuztes hendl, schneyde* 4 thaill* / darauß, richts* In ain Reindl* an, gies* ein guette / hener supen daran, leg* Maran* vnd Musgatplie* / vnd zimet* Rindten* daran, laß in den Reindl* siede$_{n}$* / wan es gesodten* ist so nimb von ein lemany* den / safft*, vnd ein ayr* dodter* darundter, schlag es / ab laß es ein khleines Sidl* thuen, lög* ein butter* // (34v) darzue iß recht /

(124.)
Ein Supen yber ein schwarz wiltpradt* /

Nimb faisten* laß haiß* werdten, hernach nimb / rogers* brodt* bresl*, odter ein Mehl* laß braun / werdten, hernach thue den zwifl* darein, vnd / Wanß schen braun ist, so schitte* ein fleischprie* / daran, aber daß nit zu din* wirdt, salz es / vnd seyre* es, thue auch etliche kranwotten* darein / vnd Pfeffers, so ist es guett, allso khanst auch / yber daß gemeine Wiltprädt* geben, geben ist / auch guett, /

„geben, geben": Wortwiederholung.

(125.)
Ein andter Wiltprätt* supen zumache$_{n}$ /

Erstlich schneidte* ein zwifl* khlein, vnd hage* ein / ~~z~~öpfl*, reste* den zwifl* schen liecht braun / Nimb sembl* presl*, auch darein vnd den öpfl* / reste* alles vndtereinandter, gieß* halb waser / vnd halb wein darein, thue dise 4 in ein // (35r) Reindl*, zimmet* vnd Nägl* Stupp*, auch khlein / geschnidtne* Lemany* darein richts* yber daß / wiltprädt* an, es ist guett, /

(126.)
Wilt* brädt* supen zumache$_n$ /

Siedte* Erstlich weixlen*, thue die kern her / auß, nimb halb waser halb wein, dreybe* die / weixlen* durch als wie die arbes*, reste* / sembl* presl*, vnd schitte* die durch* getribne* / prie* daran, thue zimmet* et Nagl* Stup* dar / an, laß ein wenig, siedte$_n$* wan es gesodte$_n$* / hat, besträh* es mit Lemany* schöllen* iß guett, /

(127.)
Ein supen yber daß feder* Wiltprädt*, /

Nimb Erstlich ein butter* in ein Pfändl* vnd / sembl* presl*, Reste* es schen liecht braun, gieß* / halben thaill* wein vnd halben thaill* fleischprie* / vnd Ein wenig Lemany* Safft*, vnd gewirz*, // (35v) einen zugger* daß es sies wirdt, lög* butter* / auch darein, gieß* darein so iß guett, /

(128.)
Ein supen yber die Reh schlögl* /

Schölle* Erstlich khleine bruner* öpfl*, schneyde* / sie in der Mitten voneinandter, laß ein waser / sieden* daß lindt* werdten, treibs* durch ein Sib* / thues in ein Reindtl*, vnd sez es auf ein glueth* / löge* ein wenig zugger* darein, bren* ein wenig / ein Mehl* ein, gieß* ein wein daran, löge* Nägl* / vnd zimmet* Stupp* darzue, diß ist die prie*, / hernach schneyde* 3 öpfl* khlein gewierfflet*, Reste* / es wohl in butter*, wan die Suppen yber daß / Wildtpräth* hast angericht*, so Strä* die gereste* / öpfl* darauf, ist khöstlich guett, /

(129.)
Ein guette Suppen yber ein zung zumache$_n$ // (36r)

Erstlich schneyde* abgezogne* Mandl* schen lang / auch zimmet* bey der mitten voneinandter, Nach / gehents thue auch wein* pierl* darundter in ein / reindl*, gies* ein fleisch* suppen* vnd ein wenig / wein, oder ein wenig ösßig, wan ein wein hast, / lög* ein zugger* darzue, mach* es zury, mit / ein wenig sembl* presl*, salz es lög* zimmet* vnd / Nägl* Stupp* laß es siedten*, gilbs* gieß* es yber / die zung ab, vnd gibs yber tisch, /

„Nachgehents“: bedeutet ‚dann‘.

(130.)
Die Kaißer* gersten* zumache$_n$ /

Erstlich Nimb ain Mäßl* khalte fleisch* supe$_n$*, / schlage 4 oder 5 ayr* dotter* daran, spridl* / es ab, sez ain wasßer yber in ein Pfan*, las / siedten*, vnd Salz die Supen, thue ayr* in die / Pfan*, döckh* es zue, laß sieden* biß vöst* Wiedt / in dem wasßer, thue es mit einen khoch* löffel* // (36v) herauß auf ein schisl* so iß guett, /

„Wiedt": bedeutet ‚wird'.

(131.)
Die gemischte speiß zumache$_n$ /

fille* Erstlich ein hendl mit krebs schwaifl* vnd / vnd mit dem krebs* butter*, vnd ayr* dotter* ange= / macht, thues darmit fillen*, Sez in der fleischbrie*, / darnach siede* den Caruoll* in waser leg* ihm in / ein Reindl* vnd daß hendl darzue mach* es zury / mit butter* vnd schenen* Mehl* las siedten*, schneyde* die / gesodtne* hener Magl* als wie die lungl, Hackh* / ein briß* khlein, thues in ein Reindl*, gies* ein fleisch* / prie* daran, lög* ein wenig butter* darzue auch ge / wirz*, Maurachen* waickhe* auch in ein lablechte$_n$* / waser ein, las ein weill* stehen, wanst wilst / khanst ein fleisch* prie* daran giesen*, aber Erst / resten* thues, so las ein sidl* thuen, truckh* auß vnd / Rests*, siedte* aus* geleste* arbes* aus, lög* butter* / darzue nimb hener mägl* mach khnödl* // (37r) darauß, pags* in schmalz*, lögs* in ein Reindl*, / machs* ein wenig zury, aber nit braun, buz / schneggen* schen mach ein butter* sipl* daryber, / Siede* schene krebsen lös* auß thue die obere / schallen* hinwöckh vnd fille* sie ein, vnd wan dir / was von der vill* yber bleibt, so mache schene / khnödl* darauß, pags* in schmaly*, vnd löge* sie / in die Supen, bache* bockh* ayr* in mehl* vmbkhert* / schen liecht braun, alle speisen absondterlih in / ein Reindl*, richte* alle speisen schen auf die / schisl*, gies* ein guette supen daran, las auf / der gluett* breglen*, gibs darnach auf die daffl*, / khanst auch ein krebs oder spinadt* schöttl* mache$_n$ / vnd darauf lögen*, oder schene blomen darauf / trugen*, vnd vmb die schißl* richten*, so ist es / recht // (37v)

„vnd / vnd": Wortwiederhohlung.
„schmaly": bedeutet ‚Schmalz'.
„absondterlih": bedeutet ‚absonderlich'.
„schene blomen darauf / trugen": bedeutet ‚schöne Blumen darauf geben'.
Ein gefülltes Huhn mit verschiedenen Beilagen wie Knödel, Pilze, Eier wird dekorativ auf eine Platte gelegt und serviert.

(132.)

Ein Rehe* Rugen* auf ein Mahlzeit /

Erstlich wäsßere* den Rugen* ein, hernach zieh* / ihm die hauth ab, spickhe* Ihm mit spög*, Salz / Ihm laß Ihm ein weill* ligen, hernach lög* Ihm / in ein Esßig, vnd wan er gebaist* ist, so Steg* / Ihm an vnd bradt* Ihm schen, wan er gebratten* / ist ziech* Ihm ab, leg* ein täller* auf die schisl*, / wan du wilst khanst auch ein Kapry* Supen mache$_n$ / deryber, Strä* lemany* schöllen* darauf, vnd Stölle / Rosmarin* oder lorber* plätl* darauf vnd lög* 4 / lemany* vmd die schisl*, ist guett, /

(133.)

Die khleine öndten* oder Dauben* in / ein Pastötten* zumachen, /

Erstlich wan die öndten* gebuzet seindt, so salze / sie ein, lögs* in ein rein* löge* butter* darein, vnd / die ändten* darauf giese* nit vill fleisch* prie* dar / an, leg* Pfeffer zimmet* Näglstup*, sambt lemany* / schöllen* daran, gies* ein wein oder ösßig darzue // (38r) auch lorber* plätl*, rosmarin*, laß sie also diensten* / hernach brene* sie ein, mit mehl* vnd presl*, richts* / in die Pastötten*, vnd las sie ganzer ist Recht, /

Das einzige Rezept, in dem Enten und Tauben erwähnt werden.

(134.)

Ein Kalbs* Kopf* auf die wenerische* manier* / zurichten /

Nimb Erstlich einen ganzen khalbs* kopf*, welchne / die haut noch hat, stöckhe* Ihm ein Koch* löffl* in / das Maull, so weith als khanst, hernach siede* / Ihm in waser, salz das wasßer in der Pfan*, / oder in haffen*, wan er siedt* so kher* Ihm vmb, imerzue / damit er sich nit anlegt, schneyde* ein sembl* ge / wirfflet*, vnd Rest* es in ein wenig butter*, wan / sie gerest* seindt, thues in ein rein*, gieß* wohl ein / wein oder ösßig daran, vnd laß auf der gluet* bregle$_n$* / Wan zum tisch zeit ist, leg den Kopf* auf ein schisl*, / vnd mach* Ihm auf bey den hirn* kreiz weis, her / nach schitte* die gereste* brögl* dariber in das / Maull Khanst Ihm geben was du wilst // (38v)

„oder in haffen“: „in“ wurde nachträglich eingefügt.
Eine Art von Schaugericht, wobei ein ganzer Kalbskopf auf die Tafel kommt.

(135.)

Den grienen od^{er} gesalznen biberschwaif* / zumachen /

Nimb den biber* schwaif*, vnd die Clauen* welches / bey der fisch ardt ist, leg* den schwaif* auf den rost* / vnd las Ihm wohl erwarmen*, so get Ihm die schwarz / hauth wöckh, die klauen* brie* aber mit sieden* mit / dem Wasßer, bis die ober hauth abgeht, siede* die / klauen* vnd den schwaif* in ein waser 2 Stundt, las / hernach ein schene austhaillung* machen, mach Ihm / schenn Rein*, leg* Ihm in ein degl* gies* ein Mäsl* / wein daran, thue ein wenig geribnen* Pfeffer kueche$_n$* / geschnidtne* Mandl* Kern auch gereste* oder khleine / Rosmarin* darzue vnd las darmit Sieden*, hernach / gies* ein gläslein Esig darein, salz es recht, mach / es mit zuger* oder Milch*, Henig*, ein wenig sies*, ge / wirz* es, so Is guett, mit Imber* Pfeffer, zimet*, Nägl*, / Saffran*, wan es nur mit den gewirz* ein weill* ge / sothen* hat, so richte* den fisch mit der prie* an, // (39r) Es ist recht vnd guett, allso khan man auch die / bären klauen* zue richten* ist guett, /

(136.)

Die gebrattne* hirschen löber* /

Salz die löber* ein wie ein andtere löber* zum / Resten*, nimb ein Putter* in ein bfan*, lög* die / löber* drein, las sieden* gemach breglen* trapfe* / sie aber Imber zue mit lemany* Safft*, khere* sie / vmb, vnd trapfe* die andtere seithen*, besträhe* auch / hernach ein reindtl* mit pfeffer, vnd zimmet* Stup*, / las darin bis zum anrichten*, Ist, die khölberne* / löber* khan man auch allso machen, vnd wanst duß / anrichten* wilst, so Strähe* lemany* schöllen* darauf / ist recht, /

(137.)

Ein khöstliche Supen yber Jedes Wiltprödt* / zumache$_n$ /

Erstlich ninb hirschen löber* ayr* gos, einen halben / fiertung* Hirschen March*, ein handt* uoll semblpresl* / ein handt* uoll gestosne* mandl*, Musgatplie*, vnd // (39v) Nägl*, Stos* es alles vndtereinandter, nimb ein / halb Mäsl* brie*, wo das wilt* präth* gesodten*, hath, / vnd ein halb Mäsl* Estreicher* wein, vnd ein broche$_n$ / zuger*, las alles durch einandter sieden*, versalz / es nit, richts* yber das wiltpräth* an, so wirdt / es recht Sein, /

„ninb hirschen löber“: bedeutet ‚nimm die Leber eines Hirschen‘.

„gos“: bedeutet ‚groß‘.

„brochen / zuger“: die benötigte Menge Zucker musste zuerst von einem Zuckerhut abgebrochen werden.

(138.)
wie Man die Presöllen* maht, /

Nimb ein khölbräß*, schneydt* es plätlet* Klopfe* es / thues auf den rost*, vnd laß brätten*, schmirbs* mit / Putter* vnd tröpfs* mit lemany* Safft*, hernach lögs* / in ein rein*, gieß* fleisch* supen* daran, mach* es mit / Putter* vnd semblpresl*, vnd ein wenig Mehl* zury, / leg* khlein geschnitne* Rosmarin* daran, las siede$_n$* vnd / gibs /

„maht“: bedeutet ‚macht‘.

(139.)
Die Spanische lungl zu machen, /

thue die lungl khlein hagen*, vnd faisten* darundter / ninb Sembl* preßl* ein wenig milch*, das manß / darmit anmachen khan, auch weinpirl*, schlag // (40r) nach und nach ayr* dran, ninb zimmet* drein, wanß / abgeriert* ist, so schlags* in ein tuech*, siedt* es wohl, / wan es gesodten* ist, so zerschneith*, mach ein putter* / prie* dar yber, so Is guett /

„ninb“: bedeutet ‚nimm‘.

(140.)
Briß* wirstl* zumachen, /

Nimb ein Priß*, dues zuuor siedten*, hackhs* khlein / thue krepßen darundter, aber nur die schwaiffl*, / leg* es in ein Nözl*, vnd Roll es zusamb, vnd Rest* / es in butter*, nimb auch gewirz* darzue laß es / in butter* also breglen*, ist guett /

(141.)
Hendl mit Krebsen zuuille$_n$* /

Erstlich ninb schen gebuzte hendl, vnd* ergreifs* / wie die andtere zum* fillen*, nimb krebsen schwaifl* / hags* nit zu khlein, auch schmöckhente* kreyder* dar / undter, darnach thue ein sembl* mollen*, die in / rämb* eingewaickht* ist, auch darundter, vnd mit / Ayr* dotter* angemacht, salz es vnd gewirz* es // (40v) leg* auch ein butter* darein, wanß zu dickh ist, / gieß* ein wenig Rämb* hinein, fill* die hendl da / mit, Stöckh* es an, vnd brat* es schen herab, träpf* / wohl mit Putter*, so ist Recht, /

„ninb“: bedeutet ‚nimm‘.
Diese Kombination von Krebs und Huhn war recht häufig.

(142.)
Gebachne* hendl zumache$_n$ /

Erstlich wan die hendl gebuzt seindt, so schneide* / die hendl in schene thaill*, darnach Salz ein, las / ein weill* stehen, hernach dunckhe* sie in den Mehl* / herumb, vnd backhs* schen liecht praun in Schnalz* / ist Recht, /

(143.)
Ein guettes Pris* zumachen, /

Siede* das Priß* hags* khlein, thues in ein Reindl* / gies* ein guette fleisch* prie* daran, schneyde* Petter / sill* wurzen* gewirfflet*, daran, las siedten*, wan / duß schir anrichten* wilst, spridl* 2 oder 3 ayr* dodter* / darein, leg* butter* darzue, las ein khleines Sidl* / thuen, richts* auf die Pätte* schnidl* an, khanst auch ein // (41r) wein daran giesen* wan du wilst, ist guett /

(144.)
Die Köllberne* birn* zu mache$_n$ /

Khackhe* Erstlich ein khölbernes* bräth*, wie zu denen / khnödlen*, gies* zerlasnen butter* daran, vnd ein / wenig milch*, oder Rämb*, vnd gewirz* darnach, Strähe* / Sembl* presl*, auf ein brodt, mache die brie birn* darauf / anstatt des stingl* ninb Klezen* Sting* vnd anstatt / der Puzen* nimb nägl*, bags* in einen dieffen schmalz* / fein Praun, vnd richts* auf ein schisl*, mach alsdan / ein sieses Sibl daryber, ist recht, /

„khackhe“: bedeutet ‚hacke‘.
„mache die brie birn darauf“: „birn“ wurde nachträglich eingefügt.
„ninb“: bedeutet ‚nimm‘.
„bags in einen dieffen schmalz“: bedeutet ‚im Fett schwimmend backen, fritieren‘.

(145.)
Die Artischöckhen* zu richten /

Ersltich schneyde* Sie ab biß auf die drauben*, das / sie stehen bleyben schneyde* auh die spizl ab, wan sie / gesodten* seindt leg* sye auf ein schisl*, mach ein butter* / supen* daryber, nimb aber zuuor die inwendtige bölzl* herauß, vnd das Raue, vnd stölle daß andter // (41v) widter hinein, lege* butter* daran, vnd las auf / der gluett* pfan* preglen*, vnd trags aufn tisch, /

„schneyde auh die spizl“: bedeutet ‚schneide auch die Spitzen‘.

(146.)
Die gefilte* Kellrabich* zumache$_n$ /

Holl* die Kellrabich* auß, hags* khlein, Rests* in / butter* vnd sembl* presl*, wanß gerest* ist, so / nimb Mußgatblie*, vnd zimmet* darein, schlag Ayr* / daran, fills* in den Kellrabich*, bindte Ihm zusamb / machs in ein diechl* ein, las Ihm siedten*, wan er ge / sodten* ist mache ein bäte* brie* daryber so ist recht /

(147.)
Wie man die Eill* fish Richt, /

Ziech* Ihm Erstlich die hauth ab, mach* Ihm ein wenig / auf das du die gall* herauß bringen khanst, schneyde* / Stigl* darauß, gieß* ein wenig Eßig Iwer die Stigl*, / Salz Ihm, lög* Musgatblie* darein, lemany* blätl lor-

wan daran gesehen wan du wilst, ist gutt

Die Kälbrene biern zu machen

Erstlich, Erstlich ein Kälbernes bräth, wie zu denen
Schnitten, giess zerlassenen butter daran, und ein
wenig milch, oder Raumb, und gewürz darnach, Muesch-
krimbl gresl, auf eini bredt, mache die birn daraus
anstatt des stingl mit Nelken stiel und anstatt
der butzen mit nägl, bachs in einem diessen schmalz
heraus, und richts auf ein schißl, mach al dan
ein süesses Süpl darüber, ist recht.

Die Artischocken zu richten

Erstlich schneide sie ab bis auf die draubn, das
sie stehen bleiben, schneide auch die spitz ab, wan sie
gesotten sind, leg sie auf ein schißl, mach ein butter
suppen darüber, und aber zuvor die inwendige
bölzl heraus, und das Haar, und stölle das andere

ber* / khlein geschnitten*, zimmet* vnd Immer* Stupp*, vnd aller= / =ley gewirz*, las es mit den fisch yber nacht oder / einen halben tag Stehen in den degl*, hernach Stögs* / an den bradt spiß, vnd zwischen einen Ieden stigl* // (42r) fisch ein lorberblätl*, vnd träpfs* mit lorwen Putter* / ist recht. /

„fish Richt": bedeutet ‚Fische zurichtet'.
„gieß ein wenig Esßig Iwer die Stigl": bedeutet ‚gieße Essig über die Stücke/Filets'.

(148.)
Höchten* an einen spiß zubratte$_n$* /

Erstlich schiepe* den höchten* Mach* Ihm auf, schneyde* Ihm / aber nit von einandter, schneyde* den Kopf vnd daß / schwaifl* wöckh, mach auß den andteren Stickhl* alß / wie von einen Eillfisch* Salz ins waßer, laß Ihm / ein wenig ligen, thues in ein degl*, gieß* ein wenig / Wein Esig daryber, leg* Rosmarin* vnd lorber* plätl* / Pfeffer Nägl* vnd zimmet* Stup*, laß es ein wenig ligen* / in dem Esig, vnd gewirz*, hernach Steg* es an den / Vogl spiß, vnd ein lorber* entzwischen, zu Einen Ieden / Stigl* fisch, muest du ein lorwer* plätl* thuen, her / nach brath* Ihm schen, träpf* well mit Putter*, vnd / Wanst Ihm auf dye daffl* gibst, so leg* vmb die / schisl* lemany* oder waß du hast, // (42f)

„träpfe well": bedeutet ‚beträufle wohl'.

(149.)
Welsche* *Angiloti** zumache$_n$ /

schneyde* Erstlich die schwaifl* ab, vnd den kopf / legs* in ein schisßl*, schneyde* butter* daran, vnd / träpfs* mit lemany* Safft*, leg* auch lemany* schöllen* / darauf, gibs auf daffl*, /

Es könnte sich hier um Krebse oder Aale handeln, die aber nicht genannt werden. Diese Tiere werden roh, nur mit Zitronensaft beträufelt, gegessen.
Im Italienischen kann das auch eine Art von Teigtaschen wie Ravioli meinen; das passt hier nicht.

(150.)
Den labertan* zu richten, /

Waßere Ihm Erstlich Ein, mache Stigl* darauß, / lege* zwischen ein Ieden Stigl* ein wenig butter*, / auch Musgaplie*, Pfeffer vnd Nägl*, las Ihm also / diensten*, khanst Ihm auch zu uor ein wenig yber* / sieden*, wan gern wilst, auch preslen* darauf / schmelzen ist gar guett, /

(151.)
Ein laxen* zu richten /

Erstlich schneyde* Ihm zu Stigl*, siede* Ihm in / waßer ab, wan er gesodten* hat, seiche* Ihm ab, / mach ein brie* daryber mit zwifl*, Mehl* vnd seml* / presl*, Pfeffer Ihm, leg* lemany* schnizl* dran, // (43r) wan er gericht* ist, so gib Ihm auf daffl*, /

(152.)
Ein Hausßen* zu machen, /

Wan er genueg gesodten* gewäsert* ist, so siedt* Ihm in / waßer ab, hernach leg* Ihm in ein schisl*, mach ein / butter* supen* deryber, prenn* mit Mehl* vnd senbl* / presl* ein, leg* auch Rosmarin*, lemany* schöllen* und / Musgatblie* daran, laß Ihm wohl siedten* so ist er / guett, /

Das „u“ des Wortes „Hausßen“ in der Überschrift wurde nachträglich eingefügt.
„genueg gesodten gewäsert“: „gewäsert“ wurde nachträglich eingefügt.

(153.)
Die Französche* Karpfen* zumahe$_n$, /

Erstlich schiepp* Ihm mach Ihm auf, schneyde* Ihm zu / Stigl*, in der mitten nach lengs voneinandter, mahe / nach zwerch Stigl*, darauß, daß bluett mueß alles / darbey bleyben, salz Ihm ein, nimb ein Kandl* Estreicher* wein, vnd grob zerschnitnen* zwifl* / Pfeffer Immer* Nägl* Stupp*, laß den fisch darin sieden* / hernach Reste* Rogers* brodt presl*, wohl Resch* // (43v) schits* an fisch, laß noch ein Sidl* / darnach Richts* / an es ist guett, /

„mahe / nach zwerch Stigl“: bedeutet ‚mache/schneide quer zur Faser verlaufende Stücke/Filets‘.
„ein Sidl / darnach“: der Schrägstrich steht im Original und hier für keinen Zeilenumbruch.

(154.)
Den Karpfen* in schwarze prie* zumache$_{n}$ /

Nimb Erstlich frischen khärpfen*, Stich Ihm daß / meßer in daß Maull, daß er bliet, thue in ein rein* / ein wenig Esig giesen*, las daß bluett hinein rinen / darnach mach ein wenig auf vnd schiepp* Ihm, / mache Stigl* darauß, Salz Ihm, darnach thue ein / wenig butter* in die Rein* schneyden*, vnd leg* ein / wenig Sembl* preßl* hinein, vnd ein wenig Pfeffer / vnd Rosmarin* schneyden*, auch lemany* blätl* oder / schnizl*, wan du hast auch lorwer* plätl* khlein geschniden* / Auch zimmet* vnd nagl* Stup*, darnach ein zwifl*, vnd / dan ein lög* fisch, vnd dan auch die fisch widter / ein Solche lög* gewirz*, darnach nimb ein holler* salzen* / in der arbes* brie* aber abgetrieben*, vnd daryber / giesen*, wan es genueg ist, daß es schen schwrz // (44r) Schwarz wirdt, deckhs* zue laß siedten*, wan / er gesodten* ist, richt* Ihm an, gieß* die brie* dar / yber, vnd gibs auf die daffel*; /

(155.)
Höchten* in einer lemany* brie*, wie auch / forellen* zurichten /

Mach erstlich den höchten* auf, schneyde* Ihm in der / mitten voneinandter, mache Stigl* darauß, vnd / die forellen* Wanß khlein seindt laß ganz, vnd sez / ein wenig waßer yber, und eßig an die fisch / und seich* ihn wider ab in die pfann*, Laß noch / einnahl sieden*, Leg* die fisch darein, und wanß / gesodten* sein so thue es in ein reindl*, mache / ein Butter* Suppen* dariber, Leg* gewirzt* hinen / auch Lemonj* safft* in die Briehe*, und schöllen* / Legs* auch darein, gilbs*, Leg* Butter* dran, / Kannst auch ein Weinn daran giesßen*, so / ist es guett. // (44v)

„waßer yber, und eßig“: nach dem „und“ erfolgt ein Handwechsel.
„einnahl“: bedeutet einmal.

(156.)
Höchten In Ein* / Rosenmarin*. /

Richt* die fisch in ein rein*, salz, gieß* eßig / und arbeß* Brüehe* daran, Strähe* Lemonj* / Schöllen*, und rosenmarin*, *Muhcat** Blühe*, Laße / es sieden*, mach* es ein wenig zueri mit meell* / so ist es recht. /

„*Muhcat*“: bedeutet ‚Muskat‘.

(157.)
Höchten In Einer* / grienen Brüehe*. /

Schneidt* die fisch zu Stickhl*, salz ein wenig / ein, und Lege* sye in ein rein* mit Butter* / gieß* eßßig dran, und arbeß* Brie*, Laß ein / wenig sieden*, und schneidt* fein schene *Pihtazi** / ganz Clein, thue es auch darunter, und treib* / es wohl ab, mach es mit Butter* und Semmel* / Breßl* zueri, Leg* *Muhcat** Blüehe* darzue / Laß sieden*, so ist es guett. // (45r)

„*Pihtazi*": bedeutet ‚Pistazien'.
„*Muhcat*": bedeutet ‚Muskat'

(158.)
Höchten In Einer Weißen Brüehe** /

Nim die *Höcht*en* schneidt* sye zu Stickhl*, salz / ein wenig, und lege* sye in ein Rein*, gieß* / ein arbeß* Brie* daran, Leg* Roßenmarin* Le: / =monj* schöllen*, und Butter* darein, mach* es mit / Butter* und semmel* Breßl* zueri, so ist es fertig. /

(159.)
Höchten auf Ein Schißl** /

Siede* die fisch ab, schmirb* ein schißel* mit Butter* / nimb ein Löfl voll Rämb*, Lemoni* schöllen*, *Muh*: / *=cat** Blüehe*, auch ein wenig arbeß* Briehe*, Laß / sieden*, truckh* Lemonj* safft* dran, machs* zuerj / mit Meell* und Butter*, richts* schen auf die / schüsßl*, so ists recht. /

„*Muhcat*": bedeutet ‚Muskat'.

(160.)
Rutten In Einer Butter* Suppen Wie auch* / forellen* und äschen* zu machen. /

Siede* es in waßer und ein wenig eßßig ab, / hernach lege* Bettersill* wirzl* in ein arbß* Briehe* / nimb ein Butter* in ein Rein* thue *Muhcat** Blüehe* // (45v) daran, Lege* den fisch drein, gieß* die Brüehe* / dariber, mahe* es mit Butter* und Meell zuri, / Laß sieden*, gib acht daß es nit versiedet*, richts* / an, /

„*Muhcat*": bedeutet ‚Muskat'. „mahe": bedeutet ‚mache'.

(161.)

Rutten In Einer Gemeinen Butter** / Brüehe* zu mache$_{n}$. /

Nim rutten* und thue ihnen die gaall* her= / =auß, und über die mitten mache mit dem / meßer* ein Creüz, gieß* ein eßig dar= / =über, und Laß in waßer sieden*, seiche* von / den fischen den eßig herab, in daß waßer, Laß / noch einmahl sieden*, Legs* in ein Rein*, mache / ein Butter* Suppen dariber, Lege* Lemonj* / darzue, Laß auf der gluet* Breglen*. so ist es / recht. /

(162.)

Häring In Einer Brüehe* zu=* / =mache$_{n}$. /

Siede* die häring* in waßer, schneidt* ihnen // (46r) schwanz, und den Kopf ab, Legs* in ein schüsßl*, / schneide* Butter* daran, und tröpfe* es mit Lemonj* / Saft*, lege* auch Lemonj* schnizl* darauf, Lasse / sye auf der gluet* Breglen*, hernach sein sye / gar. /

(163.)

Den gebachene$_{n}$* Stockhfisch* zu mache$_{n}$. /

Schneidt* den Stockhfisch* zu Stickhl*, salze ihn / ein, Bache* ihn in schmalz*, khere* ihn aber zu= / =vor in Meell* umb, bache* ihn wohl auß her= / =nach mache ein Butter* suppen dariber, mit / meell* und semmel* Breßel*, nimb ein arbeß* / Briehe* darzue, Laß die suppen sieden*, nimb / *Muhcat** Blüehe*, und and^{er}s gewirzt*, so ist es guet. /

„*Muhcat*“: bedeutet ‚Muskat‘.

(164.)

Ein Ayr* schmalz* von Nieren zu mache$_{n}$. /

Hackhe* den Niren nit gar klein, schmire* ein / schisßel* mit Butter*, thue daß gehackhte* darein, / und ein wenig milch*, Salz, schlag Ayr* drein, / Laß auf einer gluet* pfann* sieden*, wann du / es auf die tafl* gibst, brene es vor mit einen // (46v) Butter* auf, so ist es guet – /

(165.)

Kreps ayr* schmalz* zu mache$_n$. /

thue ein Kreps* Butter* in ein schüßßel* / hernach ein wenig Semmell* Bresßel*, und / siesßen* Rämb*, riehrs* unter einander, thue / ein Kreps* Butter* auf ein ander schüsßl* streichen*, / thue die Krepsen fühl* darauf Streichen*, / die schwaifl* auch darunter hackhen*, und da: / =mit auflegen, schlag 6 oder 7. Ayr* hinein, / thue unten* und oben* gluet*, so ist es recht. /

(166.)

Schisßl* ayr* schmalz* zu= / =mache$_n$. /

Erstlich schmirbe* die schüsßl* mit Butter*, schlage / die ayr* hinein, und salz, Laß es auf d^{er} / gluet* pfann* zusammen gehen, aber d^{a}ß nit / gar zu fösst* wird. gleich vor du es auf / die tafl* gibst, so thue es mit eine$_n$ heis-ße$_n$ // (47r) schmalz* aufbrenne$_n$*, aber daß Schmalz* thue / wid^{er}ume$_n$ herab seichen*, so ist es recht. /

(167.)

Ayr* Strizl* zu mache$_n$. /

Erst: mache ayr* flarn* ganz dünn*, und / resste* ein Klein gehackhten* spinath* in Butter* / und semmel* Breßl*, oder einen Khell*, oder von / Krepsen, oder auch ein eingeriehrts*, Streih* es / auf, rohle* es zusammen, und Lege* es in ein / schüsßl*, schmierbe* die schüsßl* ein wenig mit / Butter*, mach ein Butter* Brüehe* dariber, aber / schenn dünn*, gieß* es dariber, so ist es guett. /

„Erst:“: bedeutet ‚Erstlich‘.
„Streih es“: bedeutet ‚streiche es‘

(168.)

Khell* Strizl* zu machen. /

Britte* erst: den Khell*, hernach nim die greß: / =sern Bletter* daruon, und daß andere thue klein / hackhen*, und reste* es in Butter* und Semmel* / Breßel*, lege* den geresten* Khell*, auf die / andere Khell* Bletter*, rolle es zusammen, schmirbe* // (47v) ein schüsßl* mit Butter*, seze es auf ein / gluet* pfann*, und mache ein Butter* suppen / dariber. /

„erst:“: bedeutet ‚erstlich‘.

(169.)
Spinath* Strizl* zu machen. /

Nim erst: grosße spinath* Bletter*, und / kleine, Britte* sye, hernach hackhe* den Kleinen / spinath* ganz klein, und reste* es in butter* / und semmel* Breßl*, und Streich* sye auf die / grosßen Bletter* auf, rolle es zusammen. / Legs* in ein schüsßl*, und sez auf ein gluet* / pfann*, Laß breglen*, schmirb* die schüsßl* mit / Butter*, so sein sye guett. /

„erst:“: bedeutet ‚erstlich‘.

(170.)
Zimmet* Strizl* zu machen. /

Nim zuckher* so vill du nemmen wilst, Stoß* / ihm klein, thue ihm in ein mösßingene / pfann*, ein roßen wasßer Laß sieden*, // (48r) Biß es schen faimen* thuet, hernach lege* den / zimmet* darein, aber nit so vill alß zuckher* / ist, und laß noch ein wenig sieden*, hernach / gieß* es in ein schüsßl*, und schneide* Strizl* / darauß, weil es waich ist, so ist es recht. /

Eine Art von Karamell-Bonbons.

(171.)
Kreps Strizl* zumachen. /

erst: siede* Krepsen, hernach thue die / schwaifl* herauß, und die schallen* Stosßen*, / mach ein Kreps* Butter* darauß, darnach / hackhe* die schwaifl*, und ein ayr* schmalz* dar= / =unter, und reste* es in ein wenig Butter*, / hernach mach ein ayr* flären*, und leg* die / fühl* darauf, rolle es zusammen, legs* in / ein schüsßl* thue es zueri machen* mit Kreps* / Butter*, und nim ein arbeß* Brüehe*, und / ein Meell* seze es auf ein gluet*, und lege* / ein Kreps* Butter* darzue, so ist es guett. // (48v)

„erst:“: bedeutet ‚erstlich‘.

(172.)
Ein Schene Speiß von Krepsen / und Spināth* zu machen. /

Siede* Krepsen, hernach nimb die schwaifl* / herauß, und auß den Krepsen schallen*, mach / ein Kreps* butter*, die schwaifl* hackh*, und ein / ayr* schmalz* darunter, reste* in ein Kreps* / Butter*, hernach brithe* ein spinäth* und hackh* / ihn klein, reste* ihn in butter* und semmel* breßl* / und Streiche* es auf ayr* flären*, hernach schmirb* / ein zünnerne schüsßl* mit butter*, und lege* ein / grienes blätl* in die schüsßl*, hernach ein rotes / darauf, und auf die lezt ein leres Blätl / kanst es zu Stickhl* schneiden* oder ganzer lasßen. / sez auf ein glueth* pfann*, und gieß* ein / wenig ein arbeß* Brie* daran, und in der / höche auch ein wenig ein glueth*, aber nit zu // (49r) Lang in der höch, und laß in der schüsßl* also / Breglen*, Breß* mit butter* auf, so ist es guet. /

Eine Palatschinkentorte mit Krebs- und Spinatfüllung.

(173.)
Ein aufgegangenes* von hänner Löberl* / zu machen. /

Nimb hünner Löberl* hackhe* sye klein, auch / wohl ein march* darunter, darnach thue es / in ein häferl*, und schidte* ein halbs Mösßl* / milch* siesße*, oder mehr darunter, nimb 4. oder / 5 ayr* sprigle* es ab, lege* ein zuckher* dar: / =ein, auch zimmet* Stup*, und salz ein wenig ein, / darnach mache einen maren* taig*, walge* / ein blätl* auß, legs* in ein Kupfernes böckh* / gieß* daß löberl* drein, und bachs* in Bachoffen* / oder auf den herdt*, unten* und oben* glueth*, aber / oben mehr alß unten, ist guet. /

Eine Art von Quiche mit Hühnerleber.

(174.)
Ein gar Kreftiges Henner Mueß*. /

Nimb daß Bräth* von einer alten hänne // (49v) Stosß* in ein märser*, nimb siesßen* Rämb* / und zuckher*, und seze es in einer mösßigenen / pfann* auf eine glueth*, riehrs* bestendig / daß es sich nit anlegt*. nime auch ein wenig / rosen wasßer. ist guet. /

(175.)
Ein aufgegangenes* ayr* Mueß*. /

Erst: nimb ain firtung* butter*, riehr* ihm / ab, biß er ganz weiß wird, und salz ihn / ein wenig, darnach waiche* ein molln* von / einer semmel* in die milch*, wann es waich ist / so truckhe* es ein wenig auß. Riehrs* unter / den butter*, und nimb von frischen ayr* daß / clar* und 3 doter*, riehrs* ab daß faumet*, / hernach schmirbe* die schisßl* mit butter*, schitte* / daß mueß hinein, unten* und oben* gluet*, du / must dan ein ring* einschmirben*, und auf / die schüssel* Stellen, und ein spern* taig* darum // (50r, 103) legen, Strähe* es mit zuckher*, kanst auch ein / darein nemmen, und darmit abriehren*. so ist / es guet. /

„Erst:“: bedeutet ‚erstlich‘.
„kanst auch ein / drein nemmen“: hier fehlt die Zutat, die noch hinzugefügt werden soll.

(176.)
Ein Semel* mueß* zu mache$_n$. /

Nimb von einer Semel* die mollen* herauß, / waickhe* es in ein guette* milch*, wann es ein / wenig gewaickht* ist, so riehrs* wohl ab, mit / ayr* groß butter* und salz, nimb ayr* schlags / nach und nach drein, und ein zuckher*, bestreiche* / ein schüsßl* mit butter*, gieß* daß mueß* dar: / auf, und lege* ein raif* herumb, unten* und / oben* gluet*, ist guet. /

(177.)
Ein Butter* Mueß* zumachen. /

Nimb erst: ein fiertung* butter*, treib* ihn / in tegl* ab, und schlage nach und nach 5 / oder 6 ayr* doter* drein, und wann du ein / ayr* doter* darein schlagest, so muest du / allemahl ein klein löfl voll zuckher* hinein thun. // (50v) du muest es ein ganze Stundt abriehren* / aber auf einer seithen*, hernach schmierb* / ein schüsßl* mit Butter*, und lege* ein ring* / darauf, gieß* daß mueß* hinein, und lege* / einen taig* herumb, unten* und oben* glueth* aber / nit zu haiß*, so ist es gut. /

„erst:“: bedeutet ‚erstlich‘.

(178.)
Ein Kreps mueß* zu mache$_n$. /

Nim 50 Krebsen, stosß* 25, mache von denen / gestosßnen* ein schödl* darauß mit ayr* / und milch*, Laß es abseichen*, die Krepsen / mueß man aber nit sieden* die zum stosßen*, / sye miesßen Lebendiger gestosßen* werden. / daß schödl* muest du also machen, man thut / die Krepsen in ein höferl*, und ein milch* / dran, hernach salzs und schidts* in ein pfann* / und Laß sieden*, hernach thue es herab // (51r, 105) treib* es durch ein Sib*, schlag 3 oder 4 ayr* dar= / =an sprigle* es ab, thue es in ein mösßigene / pfann*, auf den feuer* schön herab sieden*, daß es / aber nit anbrent*, hernach thue es herab und / lasße es abseichen*, thue es in ein tägl* und lege* / abseichen* ein zuckher* drein, und ein handt voll* / gestosßene* mandl* aber ganz Clein, hernach / auf einer seiden* abrihren* und nach und nach / ayr* dran schlagen etwan 10 aber von 5 daß Clar / daruon, und ain Stundt abriehren*, hernach schmirb* / ein schisßl* mit butter*, und lege* ain ring* auf die / schüßl*, und gieß* daß mueß hinein, unten* und oben* / gluet*, und wan du daß schödl* gemacht hast, so thue / die andere Krepsen sieden*, die schwaifl* herauß / und hackhs* Clein, und waiche* ein semmel* in ein / milch*, hernach wanß gewaicht* ist, so treibs* mit / den schödl* ab in tägl* und mit den Kreps / schwaifl*, zuckher*, und mandl*, ayr* wan du // (51v) wilst, Kanst gwirz* darzue nemmen, auf die / lezt ein siesßen* rämb*, auß den Kreps schallen* / mache ein Kreps* Butter*, thue die Semmel* / mit den Kreps* Butter* abtreiben*, laß es sieden* / gibs auf den tisch. /

„thue es in ein tägl und lege“: bei dem Wort „lege“ wurden durch Überschreiben Buchstaben ausgebessert.
Eine recht kompliziert anmutende Zubereitung, bei der in mehreren Schritten eine Art von Auflauf hergestellt wird.

(179.)
Ein march* mueß* zumache$_n$. /

Hackhe* daß march* Klein, thue es in ein degl* / lege* auch gestosßne* mandl* darzue, zuckh= / =ers*, schlag nach und nach ayr* daran, und / auf die lezt ein Rämb*, daß es die rechte / dickhe* Bekommet, gewirze* es, schmirb* ein schisßl* mit Butter* und gieß* darein, unten* und / oben* gluet*, so ist es guet. /

(180.)
Ein Kreß* Lingerl*, od^{er} Brädl* / od^{er} Rindtfleisch mueß* zumache$_{n}$. /

Siede* daß Kreß* oder waß du hast. Hackhs* // (52r) klein, thue es in ein degl*, salz, gieß* milch* / daran, und Pfeffers, schlage ayr* 3 oder 4 / dran, riehre* Semmel* Breßl* drein, riehrs* wohl / ab, nimb in ein pfann* ein Butter*, reste* es / herab, kanst auch ein Weinperl* darein nemmen, / ist guet. /

(181.)
Ein Kitten* mueß* zumache$_{n}$. /

siede* die Kitten*, darnach schabe* es schen und / treibs* durch ein enges Sib*, nimb halb so / vill zuckher* alß Kitten*, und von einen Lemonj* / den safft*, schlage* von den ayrn* daß Clar* ab, / daß es ein faimb* Bekomt, du muest ein ganze / Stundt riehren*, und immerdar ein Löfl voll / zuckher*, und Löfl voll ayr* Clar* darein thun, / allezeit zu gleich in die Kitten* abriehren*, ehe du / waß hinein thuest, darnach schmirbe* ein schisßl* / mit butter*, so weith alß der ring* ist, schitte* daß / Koch* hinein, Bach* es in ein offen*, unten* und oben* gluet*. // (52v)

(182.)
Ein Lemonj* mueß* zumache$_{n}$: /

Schneide* erst: Lemoni* ganz Clein, darnach / nimb ein wenig Weinn in ein reindl*, schlage / 4 oder 5: ayr* doter* daran, darnach du / vill machen wilst. nimb von 3 oder 4 Lemonj* / den Safft*, daß aber kein Kerndl nit darein / fahlt, und zuckhers* daß es die rechte siesse / Bekomt, riehrs* untereinander ab, man kan / auch ganz Clein gestosßne* mandl* darunter / nemmen, hernach leg* in ein mösßigene pfann*, / ein Stickhl* butter*, und gieß* daß mueß* hinein, / riehrs* schen herab, ist guett. /

„erst:“: bedeutet ‚erstlich‘.

(183.)
Ein zuckher* mueß* zumache$_n$. /

Nim 1. halb ℔ zuckher*, waickhe* 1 oder 2. / sembl* in eine milch*, und wann sye / gewaickht* ist, so riehrs* wohl, und nimb / ein gesodnes* ayr*, und milch* riehr* alles // (53r) wohl untereinander ab, treibs* mit milch* und / rämb* durch, nimb ein wenig guetten Weinn / darzue, und machs nit zu dünn*, und seze es / in ein Keller, alßdan trag es auf einer / zünnernen schüsßl* auf ist guet. /

„℔“: Zeichen für Pfund.
„seze es in ein Keller“: bedeutet, man soll die Masse im Keller kühl stellen.

(184.)
Ein gesundes und krefftiges roßine$_n$* mueß* / zu mache$_n$. /

Nimb ein handt* voll grosße und kleine Ro: / =sinen*, wasche und Stosße* sye wohl, auch ein / semmel*, die in ein Wein eingewaickht* ist, / gieß* ein mößl* weinn daran, und treibs* / darmit durch ein Sib*, thue dann Zimmet* Neg: / =el*, Stupp* *Muhcat** nuß* darzue, und Laß sieden* / biß es dickh* wird, es ist krefftig und gesundt / einer Kranckhen persohn, welche hizen hat, / nim anstatt den Weinn ein ungesalzene / Capauner* oder henner Suppen, so ist es guet. // (53v)

„*Muhcat*“: bedeutet ‚Muskat‘.
„Kranckhe persohn, welche hizen hat“: bedeutet ‚eine kranke Person mit Fieber‘.

(185.)
Ein Hötscherbötsch* mueß* zu mache$_n$. /

Nim Hötscherbötsch* suppen, treibs* in ein / degl* ab, hernach schlag* ayr* Clar* ab, daß / es schen faimet*, hernach nimb allezeit ein / klein Löfl voll gefethen* zuckher*, und ein / ayr* Clar* in die sulzen*, und riehrs* auf / einer seithen* ein ganze stundt ab, schmirbe* / ein schisßel*, richte* daß mueß* mit den Löffl / hinein schen hoch auf einander Bachs* in offen* / oder im rohr so ists guet. /

„Nim Hötscherbötsch suppen“: „suppen“ wurde nachträglich hinzugefügt.

(186.)
Wie man d^{a}ß eingebundtene Höchten* / Löberl* schädl* machen mueß. /

Hackhe* die Löber* klein, zerlasse ein butter* / in ein pfändl* aber nit zu haiß*, thue seml* / Breßl* darzue so vill du machen wilst, rihrs* / in ein pfändl*, thues in ein degl*, und thue // (54r) daß Löberl* darzue, riehrs* unter einander ab, / gieß* ein wenig rämb* darzu, aber in ein / wenig Rämb* schlag 7 ayr* daran, biß es die / rechte dickhe* bekomt, salz und leg* pfeffer / und *Muhcat** nuß* bliehe* drein, darnach thue es / in ein duech* einbindten, laß ein waßer sieden*. / wann es gesoden* ist, thues herauß schneide* es / alß wie ein anders schödl*, darnach mache ein / Butter* Suppen*, dariber, aber fein schen dünn*, / lög* daß schödl* in ein schüsßel*, gieß* die Briehe* dar= / =iber, und laß auf der gluet* sieden*, so ist es / guet. /

„*Muhcat*:“: bedeutet ‚Muskat‘.

(187.)
Ein spinäth* Schädl* zu mache$_{n}$. /

Nim ein spinath* von garten her, Stosse* / ihn in ein Merser* klein, thue ihm in ein / tuech*, truckh* ihm auß, daß du den safft daruon / Bekommest, schitte* den safft in ein häfferl* // (54v) gieß* ein wenig milch* darzue, schlage ayr* / drein, sprigle* es ab, salz und mach es / fertig, thue es in ein sib*, legs* in ein / schüsßel*, mach ein Brieh* dariber, lasse / es sieden*. ist es guet. /

Die Masse wird mit Spinatsaft eingefärbt.

(188.)
Ein Löber* schödl* zu machen. /

Hackhe* erst: ein hänner Löberl* gar / klein, thue es in ein häferl*, gieß* milch* / darein, und schlag ayr* dran, salz, sprigle* / es ab, seich* es durch ein enges sib*, thue in / ein Kupfernes pfändl* ein wenig Butter*, / gieß* daß schödl* hinein, rihrs* auf einer gluet* / herab, thues in ein enges sib*, daß es ab: / seicht*, thues in ein schüsßl* mach Butter* / suppen* dariber, ist guet. /

„erst:“: bedeutet ‚erstlich‘.

(189.)
NB.
(Strudel von einer Spansau)

Erst: wann die spann* Sau* gebuzt ist, // (55r) zieche* ihr die haut ab, biß auf die fieß von / kopf, hernach schneide* daß fleisch von der Sau / herab, und nimb ein kölbernes* fleisch und / ein spöckh*, schneide* solchen klein, nimb gewirzt* / darunter, daß es einen gueten geruch bekomt, / darnach fihle* die haut ein, rohl es zusammen. / legs* in ein duech*, bindts fösst* zusammen, salzes, / es in wasser siede* den kopf samt den fueß, / und wann der Strudl* gesotten* ist, so schneide* / auß denselben blätl*, alß wie zu einen anderen / Strudl*, leg* den kopf in die mitten, und die / fieß auf die seithen*, und den Strudl* auh / herum, in daß Maul thue ein Lemonj*, umb / die schüsßl* mach ein Cränzl*, darnach siede* / 2 kölberne* fieß* in ein kändl* wasser, ganz / Lindt*, und henge ein bischl mit gewirtzt* drein, / darnach seichs* durch ein duech*, und schüts* auf / ein weithe schüsßel*, wo der Strudel* ligt*, aber // (55v) ein wenig muest du kalten, und erstockhen* / Lasßen, darnach mit den löfl oben dar: / =auf richten, thue daß gewirtzt* nit sparen, laß / den Strudl* kalt werden, darnach gib ihm / auf die tafl*. /

„Erst:“: bedeutet ‚Erstlich‘.
„auh“: bedeutet ‚auch‘.
Dieses Rezept weist keinen Rezeptitel oder Namen auf. Er wurde zur Verdeutlichung von den Bearbeitern eingefügt.
Es handelt sich hier um ein Schaugericht, bei dem Kopf und Füsse des Spanferkels als Dekoration einer Sulz verwendet werden.

(190.)
Ein Strudel* von Krepsen / mache$_n$. /

Nimb von den gesodnen* Krepsen die / schallen* Stosse* sye klein, ninb alß wie ein / ayr* groß butter* darein, Stosse* ihm mit / dem Krepsen schallen*, rests* in butter*, truckh* / es durch ein duech*, darnach mach ein daig* an, / walge* ihn auß so dünn* alß du kanst, mache / ain ayren* schmalz* von 4 ayrn*, und die / gesodtne* Krepsen schwaifl*, hackh* es unter / daß ayren* schmalz* fein klein, und reste* sye / in butter*, darnach Streich* sye auf daß blat* / aber dünn*, roll es zusammen, alß wie andere // (56r) Strudl*, darnach nimb den halben thail* butter* / in ein siessen* rämb*, und lege* den Strudl* dar: / =ein, döckh* ihn zue unten* und oben* gluet*, der rämb* / und der butter* mueß ehe sieden* ehe man den Strudl* / darein legt*, thue ihn auf eine schüssel*, ehe du ihn / auf die tafl* gibst, so thue fein den Rämb* und / den kreps* Butter* darein, soists guet. /

„ninb“: bedeutet ‚nimm‘.

(191.)
Ein spinäth* Strudl* zumache$_n$. /

Mache erst: ein daig* an, reste* ein kleinen / spinäth* in Butter*, und semmel* breßel*, wann er / gerest* ist, so schlage ein ayr* daran, und / auf daß feuer* sezen, und Streich* ihm auf daß / Blat*, und laß ihn in wasser sieden*, salz ihn, her / =nach nimb ein schüssel*, semmel* breßl*, und schmölz / auf, schneidt* den Strudl* darein, und schmölz / widerum mit einen heissen* schmalz* auf, söz / auf ein gluet*, so baldt du ihn auf die tafl* / gibst, so schmölz ihn auf, ist guet. // (56v)

„erst:“: bedeutet ‚erstlich‘.

(192.)
Ein Khell* Strudl*. /

Mache ainen taig* an, walge* ain dines* / Bladt* auß, hackhe* ainen khell* klein, rest* / im Butter* und semmel* Breßl*, schlage auch / 1 ayr* daran, Streiche* ihm auf daß Blätl*, / vorhero salzen, und pfeffern, rohl ihme zu= / =sammen, und siede* ihm in einen waßer / herab, wann er gesoten* ist, so schneide* Stuckh* / darauß, und richt* ihm zue wie den spinäth* / Strudl*, ist guet. /

(193.)
Wie man d^{a}ß eingeriehrte* Kündts* / Koch* mache$_n$ soll. /

Nimb ein milch* so vill alß ein guettes / Mößl*, nimb ein schenes* mehl* und salz es / mache ein Kündts* Koch* aber es mueß / dickher* sein, thues in einen irdenen* tägl*, / und thue ein siesßen Butter* darein // (57r) riehrs* ein ganze Stundt ab auf einer seithen* / schlag nach und nach 7 ayr* drein, zuckhers* / nach dein Belieben, hernach nimb ein flache / schüsßel*, schmirbs* mit butter*, lege* ein blech= / =ernen ring* herum, und thue ein daig* umb / die schüsßel*, daß er nit anbrint*, giesse* daß Koch* / hinein, unten* und oben* gluet* ist guet. /

(194.)
Ein Siesßes Schüsßel* Koch* zumache$_n$. /

Nimb ein wenig mehr alß ain mössel* milch* / schlag 6 ayr* darein, sprigle* es ab, salz ein / wenig, und thue zuckher* darein, nachdeme / man vill haben will, schmirb* ein zünnerne / schüssel* mit Butter* gieß* daß Koch* hinein, und / söz auf ein gluet* pfann*, und laß zusammen / gehen, und wann es zusammen ist gangen / so gibs auf die tafl*, ist ein vorneme / speiß, und ist sehr guet. // (57v)

(195.)
Ein Schmalz* Koch* zu mache$_n$. /

Nim ein schenes* Mehl* in ein häferl*, darnach / mach ein milch* Lableth* warmb, und sprigle* ayr* / darein, giesß* in daß mehl*, und rihr* es wohl ab, / salz, in der dickhen*, wie ein farfl* taig*, dar= / =nach nimb ain solches schmalz*, so du erst in / Butter* außgelasßen hast, Laß siedn* gieß* den / taig* schen Langsam hinein, daß es schen Lang / wird, thue mit den spiß alzeit umbrihren*, Laß / es wohl sieden*, darnach seich* es durch ein enges / sib*, und truckhs* braf durch, daß nit gar faist* / wird, thue ein wenig Butter* in ein pfändl* / schitte* daß mueß* drein, daß schene Rämbl* Be: / komt, hernach richts* an, und zuckhers* ein / wenig. gibs, es ist guet. /

(196.)
Ein opfl* Koch* zu mache$_n$. /

Siede* die öpfl* alß wie sonst zu einen öpfl* // (58r) koch* schlags durch. schlag 6 ayr* dran, einen löfl / voll siessen* Rämb*, semmel* breßl*, zuckher*, und / Weinbierl*, darnach thue in ein reindl* ein schmalz* / Laß heiß* werden, gieß* den taig* darein, thue unten* / und oben* gluet*, daß es schen Braun wird, so geths / fein schen ganzer herauß und zuckhers*, so ist / es guet. /

(197.)
Ein guettes Koch* auch vor Kranckhe leith / zu mache$_n$: /

Nim hänner Bräth* schneide* es Clein, hernach Stosß* / es klein in einen merßer*, nimb march*, faisten* / auch butter* semmel* Breßel*, waickhs* in ein milch* / oder in einen Rämb*, Stosß* alles untereinander, nimb / ayr* und 3 schallen* voll Rämb*, riehr* alles untereinan= / =der, nimb ein

zünnerne schüssel*, schmirbs* mit / Butter*, und söze es auf eine höche, wo ein wasser / sieden* thuet, und gieß* daß abgeriehrte* Koch* / hinein, in die schüssl*, und laß es alß zusammen / gehen, so ist es guet. //
(58v)

(198.)
Die Krepsen Knödl* zu mache$_{en}$. /

Erst: siede* die krepsen, hernach thue die / schwaifl* herauß, und hackhe* sye klein, und / die schallen* Stoße*, und mach ein kreps* Butter*, / in ein tägl*, treib* ihm wohl ab, hernach schlag / nach und nach ayr* dran, thue die semmel* Bresl* / darein, aber mach ihm nit vösst*, riehre* ihm / noch ein Zeit ab, wann er etwa zu fösst* wer, / so kanst ein wenig milch* darein giessen*, schlag / es in ein arbeß* Brie*, und leg* wohl ein kreps* / Butter* darzue, salz, nimb ein *Muhcat** blieh*, / so seint sye guet. /

„Erst:“: bedeutet ‚Erstlich‘.
„*Muhcat*“: bedeutet ‚Muskat‘.

(199.)
Spinäth* Knädl* zu mache$_{n}$. /

hackhe* den spinäth* klein, reste* ihm in / Butter*, und semmel* breßl*, wann er ge= / =rest* ist, thue ihm in ein tägl* und rihre* ihm wohl ab, schlag nach und nach ayr* // (59r) drein, daß es die rechte fösste* bekomt, und gar ein / wenig milch*, darnach laß ein fleisch* oder arbeß* / Brie* sieden*, schlag sye darein, salz, die Suppen / lege* butter* drein, laß sieden*, so ist guet. /

(200.)
Die *Höcht*en* Löber* Knädl* zu mache$_{n}$. /

hackhe* die höchten* Löber* schen klein, hernach thues / in ein degl*, und treibs* ab, schlag nach und / nach ayr* drein, thue semmel* breßl* drein, gieß* / einen heissen* butter* und ein wenig milch*, und / mach sye aber nit zu fösst*, laß ein wasser / sieden* und salz, und schlags darein, aber nit / groß, laß sieden* lög* ein butter* daran, löge* / *Muhcat** bliehe* darzue, ist guet. /

„*Muhcat*“: bedeutet ‚Muskat‘.

(201.)

Butter* Knödl* zu mache$_{n}$. /

treib* ein butter* in ein degl* ab, schlag nach und / nach ayr* dran, thue semmel* breßl* darein, und / rihrs* ein zeit ab, salz, und gieß* ein milch* dran, // (59v) mach es nit zu fösst*, laß ein fleisch* Brieh* / sieden*, schlags drein, lög* ein butter* drein / *Muhcat** blüehe*, so ists guet. /

„*Muhcat*": bedeutet ‚Muskat'.

(202.)

Löber* Knödl* zu mache$_{n}$. /

hackhe* die Löber* klein, nimb ein semmel* breßl* / und ayr* nach und nach drein, riehrs* wohl / ab, gieß* ein zerlaßnen butter* drein, und / ein milch* riehrs* noch ein zeit ab, laß ein / fleisch* Briehe* sieden*, schlags drein, Laß sieden*, / Lög* butter* dariber, *Muhcat** bliehe*, die grosse / Löber* Knädl*, aber wohl faisten* darunter, / du muest aber zu denen grossen ein Mehl* / nemmen, so ists guet. /

„*Muhcat*": bedeutet ‚Muskat'.

(203.)

Bafösßen* an ain fasstag /

hackhe* Krepschwaifl* machs mit semmel* / Breßl* und ayr* an, Streichs* auf die semmel* // (60r) schneidts* alß wie die andere Bafäsen*, khers* in / ayrn* umb, und Bachs* in schmalz*. man kans / auch mit zwöspen*, oder waß du wilst einfühlen*, / ist guet. /

(204.)

Gereste* öpfel* zu mache$_{n}$ /

Schölle* die öpfl* thues in der mitten von einander / schneiden*, legs* in ein zünnerne schüßl*, gieß* / ein waßer dran, seze es auf ein gluetpfann*, / Laß Preglen*, thue Weinperl* drauf und zuckher*, / und ein wenig Weinn, aber so baldt sye / geschöllet* seint, must dus in einer pfann*, in / Butter* oder schmalz* ressten*, hernach in die / schüßel* legen* ist guett. /

(205.)

Hötscherbötsch* auf ein semmel* schnidl* / zu mache$_{n}$. /

Nim außgeleste* Hötscherbötschen*, thue es in / ein rein*, gieß* ein waßer dran, thue // (60v) zuckher* drein, Laß sieden*, hernach reste* / semmel* schnidl*, im Butter* oder schmalz*, / thues darauf anrichten*, auf die schnidl* ist / guet. /

(206.)

Gebachene$_{n}$* reisch* zumache$_{n}$. /

Nim ein Kochten reisch*, aber dickher* mueß / er sein, hernach thue ihm auf ein deller*, / Strähe* ein wenig mehl* darauf, und laß / ihm Kalt werden. hernach schneide* Strizl* / darauß, und khers* in ayrn* vmb, bachs* / in schmalz*, so ists guet. /

„reisch“: kann auch als ‚reish‘ gelesen werden.

(207.)

Butter* Nudl* zumache$_{n}$. /

treib* den butter* ab, schlag nach und nach / ayr* dran, nachdeme man vill machen will, / nimb daß mehl* aber nit zu vill, daß es recht / wird, salz es Streich* den taig auf ein hölzer- / =nes täller*, mache Strizl* darauß, schlags // (61r) in die fleisch* brie*, laß sieden*, leg* *Muhcat** blieh* dran, / thues gilben*, sein guet. /

„*Muhcat*“: bedeutet ‚Muskat‘.

(208.)

Khösten* Nudl* zu mache$_{n}$. /

Nim ein mehl* in ein degl*, Laß ein siessen*. / rämb* Lablet* werden, thue ein germ* in ein / höferl*, und schlag ayr* doter* hinein, Sprigle* / es ab, salz daß mehl*, und mach daß schen Lindt*, / mach es klein auß, Laß* es gehen* auf den bredt*, / siede* es ab in den Butter*, und rämb*, so / ists guet. /

Eine Variante von Dampfnudeln.

(209.)

Ein Weixl* od^{er} Ammereln* Kueche$_{n}$* / zumache$_{n}$. /

erst: nimb ein firtung* semmel* breßl* in ein /degl*, zerlasße einen Butter*, gieß* ihn an die / Breßl*, riehrs* mit einen koch* Löfl* wohl ab, / schlag 7 oder 8 ayr* nach und nach dran, aber / ein halbs Mösßel* milch*, schitte* vor den ayrn* // (61v) hinein, salz, und rihrs* wohl ab, schmirbe* / ein Böckh* mit butter*, schitts* drein, bachs* / in offen* oder auf den herdt*, unten* und oben* gluet*, / schen Langsam, schneide* schene Stuckh* drauß, / zuckhers*, ist guet. /

„erst:“: bedeutet ‚erstlich‘.
Die Früchte kommen im Rezept selbst nicht vor.

(210.)

Butter* Laibl* zu mache$_{n}$. /

Nimb ain halbs ℔ butter*, treib* ihn ab, / und schlag nach und nach ayr* darein, aber / nur von 6 ayr* den doter*, thue 2 ganze / ayr* drein schlagen, rihrs* wohl ab, mach ein / milch* lablet* warmb, mehr alß ein Mösßel*, / thue es drein, thue auch 3 löfl voll germb* / darein, thue daß mehl* hinein aber nit zu / vill abzechen*, schmirbe* ein Böckh* mit butter* / gieß* den taig* hinein, laß* ihn bey den herdt* / gehen*, bach* ihn in offen* oder auf den herdt*, vnten* / und oben* gluet*, bißweillen gieß* ihn mit butter* ist / guet. // (62r)

„℔“: Zeichen für Pfund.

(211.)

Schneckhen* in die Böckh* zu mache$_{n}$.

Nimb ain halbs Mösßl* schenes mehl* in ein degl* / schlage 3 ayr* doter* in ein häferl*, nimb 3 / Löfl voll germb* in die ayr*, mache einen siessen* / rämb* warmb, aber nit gar heiß*, gieß* in daß / häferl*, sprigle* es ab, thue es durch ein sib* in daß / mehl* hinein, salze daß mehl*, und mache den daig* / an, aber nit zu fösst*, walge* ein grosßes blat* / auß, Bestreiche* es mit butter*, zäche* es ab, / richts* in die Böckh*, schmirbe* daß Böckh* mit butter* / Bachs* fein schen in offen* rohr*, oder auf den herdt*, / gieß* bißweillen mit butter*. so ists guet. /

Eigentlich eine Hefeteigrolle, von der nach dem Backen die Stücke geschnitten werden, die dann wie Schnecken aussehen.

(212.)

Sneckhen* mit *Sardellen** zu mache$_n$. /

Erst: buze die schneckhen* schen, thue auch die / schwaifl* und fözl* daruon, Buze auch die / haußl* schen, hernach salz und pfeffere die / schneckhen*, thue ein butter* in die heusßel* // (62v) fill* die schneckhen* drein, Lögs* auf ein rosst*, / wasche die *Sardellen** sauber, siedts* in waßßer / ab, treibs* mit fleisch* briehe* durch, thue es in / ein reindl*, laß sieden*, gieß* nach und nach / die schneckhen* heißl* hinein, lasß sieden*, gibs so, / ist guet. /

„Erst:“: bedeutet ‚Erstlich‘.

(213.)

Krepsen schneckhe$_n$* zu mache$_n$. /

Nim erst: ein schenes* mehl*, salz, mach / ein rämb* ein wenig warmb*, gieß* in ein / häferl*, schlag ayr* doter* drein, nachdem du / vill machen wilst, sprigle* den germb* und die / ayr* doter* in ein rämb* ab, mache ihn an / alß wie die anderen schneckhen*, walge* ein grosses / Blat* auß, nimb ein butter* in ein pfändl* / reste* die schallen*, und treibs* durch eian tuech*, / schmirb* daß blat* mit den Krebs* butter* darnach // (63r) hackhe* die krepsen schwaifl* reste* sye in ein / butter*, thue zimmet* Stupp* darunter, Streich* / es auf daß blat*, rohl es aber zusammen, schmirb* / daß böckh* mit butter*, säze es drein, schmirbs* mit / den Kreps* butter*, laß ein zeit gehen, söz es in / offen*, oben* und unten* gluet*, laß bachen*, gieß* auh / bißweillen butter* drauf, so ists guet. /

„erst:“: bedeutet ‚erstlich‘.
„auh“: bedeutet ‚auch‘.

(214.)

Ein Köstliche speiß von ayr* doter*. /

Nimb ain fiertung* butter*, und 6 ayr* doter* / in ein mösßingene pfann*, ein wenig frisch / brunen waßßer, und ein halben viertung* zuckher*, / rihrs* auf einer gluet* herab, thue ein klein / geschnittene* Lemoni* schöllen* drein, und ein safft* / ist guet. /

(215.)

Gebachene$_n$* schnidtn* zu mache$_n$, /

Nim ein schenes* mehl* in ein bökh*, mache / ein milch* warmb*, und nimb ein wenig // (63v) schmalz* in ein pfändl*, und ein löfl voll / mehl*, wann die milch* warmb* ist, so schitte* / die milch* und daß eingebrent* drein, alles zu / gleich, riehrs* wohl ab, schlage ayr* dran, so vill / du wilst, salz, schneide* schnidl*, und khers* in / taig* umb, bachs* in schmalz*, also kanst du / auch die öpfl* kiechl* machen, ist guet. /

(216.)

Schöne Krapfen* zu mache$_n$. /

Nim ain halb Mäsßl* schenes* mehl*, salz es / mach ein rämb* warmb*, schits* in ein höferl*, / und ein Löfl voll germ* drein, schlage / die ayr* doter* dran, sprigle* es ab, mache den / taig* nit gar zu vösst*, schneide* sye, Laß* / es ein wenig gehen*, bachs* schen Langsamb / in schmalz*, gieß* immerzue daß haisße* schmalz* / drauf, sein guet. // (64r)

(217.)

Bixen* Krapfen* zu mach$_{en}$. /

Nim ain halb Mösßl* schenes* mehl*, in ein degl* / salz es, machs mit warmer* milch* an, und / ein wenig Butter*, rihrs* wohl ab, thue 4 ayr* / in ein warmmes* wasßer, schlags fein Lang: / samb hinein, aber von zwey ayrn* daß Clar* / hinweckh, riehre* den taig* wohl ab, thue ihn in die / Bixen*, aber nur halb voll, mach die Bixen* / zue, söz ins wasßer biß vösst* wird, thue ihn / herauß, schneide* drein, bachs* fein Langsamb / herab, mit den schmalz* bestendig aufgiesßen*, / so ists guet. /

„thue ihn in die“: „in“ wurde nachträglich eingefügt.
Ein sehr verbreitetes Rezept für einen Pudding, der im Wasserbad gegart wird.

(218.)

Brigl* Krapfen* zu mache$_n$ /

Stosße* ain firtung* abgezogene* Mandl*, nimb / ain firtung* zuckher*, und ein halb ℔ mehl* / rihr* die mandl* und den zuckher* samt den / mehl* untereinander, schlage 3 oder 4. ayrdoter* // (64v) drein, schneide* Lemoni* schöllen* darunter, nimb / ain Löfl voll Weinn, oder rosen* wasßer*, oder

/ milch* auch zimmet* und Nägerl* Stupp*, mach den / taig* an, *Muhcat** bliehe* 1 fiertung* thue darein reiben*, wölge* / ihn auß, schneide* vieröckhete blätl*, und schmirbe* / den spisß mit butter*, brate* sye, und schmirbe* es / mit butter*, mach ein Eiß* darauf, ist guet. /

„℔“: Zeichen für Pfund.
„*Muhcat*“: bedeutet ‚Muskat‘.
„1 fiertung thue darein reiben“: „fiertung“ wurde nachträglich eingefügt.

(219.)
Holler* Kiechl* zu mache$_{n}$. /

Nim ein mehl* wie vill du machen wilst, / salz, schlag 3 oder 4 ayr* drein, und ein / zimmet*, mach es mit siesßen* rämb* an, aber / schen liecht*, mache sye auß daß über daß eisen* / recht sein, thue daß eißen* ehe du eins an= / =bindest ins schmalz*, daß sye herab gehen, bachs* / schen licht braun in schmalz*, thue sye / also warmb* mit zuckher* und zimmet* be: / streichen ~ // (65r)

Es wird nur der Teig beschrieben, in welchen die im Text fehlende Holunderblüte getaucht wird. Statt wie heute noch üblich in Fett, wird hier mit einem Waffeleisen gebacken.

(220.)
Mandl* Kiechl* zu mache$_{n}$. /

Nim ain handt* voll* mandl*, stosße* sye klein, / thue rosen* wasßer* daran, daß sye nit öllig* werden, / thue, zimmet*, ymber*, Zuckher* daran, Streich* es / auf oblat*, ein guetten mösßer* rugen dickh*, / Bache* es in einer dorten* pfann*, so werden sye / recht, wann sye schen gebachen* werden, sein sye / guet. /

(221.)
Oblat* Kiechl* zu mache$_{n}$. /

Schneide* die oblat* vier öckhete blötl*, hernach / Stosß* mandl* aber fein Clein, thus in ein tägl* / rihrs* ab, schlag nach und nach ayr* dran, rihrs* / wohl ab, auf ein virtung* zuckher*, 5 ayr*, Streih* / es auf die oblot* blätl* nit zu dickh*, lege* wider / eins drauf, mache einen daig* an, mit ein wenig / milch* und Weinn, aber fein dünn*, dunckhe* sye / drein, daß es in schenes rämbl* bekomt, aber / in der mitten bach* es in schmalz*, daß es auflaufft*, // (65v) richts* auf ein schüsßl*, zuckhers*, ist guet. /

„Streih“: bedeutet ‚streiche‘.

(222.)

Aneiß* Kiechl* zu mache$_n$. /

Nim 9 loth* zuckher*, 3 löfl voll rosen* / wasßer*, rihrs* ab, schlag ain ayr* drein, rihrs* / ein viertl Stundt, nimb ein aneiß*, und 5 / loth* schenes* mehl*, rihrs* darunter, Streihe* es / auf die oblath*, aber dünn*, bachs* in offen* oder in / rohr, in der dorten* pfann* oben*, und unten* gluet*, / aber oben heisßer* alß unten, ist guet. /

„Streihe“: bedeutet ‚streiche‘.

(223.)

zuckher* Straube$_n$* zu mache$_n$. /

Nimb 2 Löfl voll mehl* in ein höferl*, / machs mit einer warmen* milch* an, salz ein / wenig, nimb von 2 ayrn* daß klar*, schlag* es / starckh ab, mach es fein dünn* an, alß wie / zu einen farfl* taig*, und 2 löfl voll / zuckher*, rihr* es wohl ab, daß es schen glat / wird, bachs* schen, braun, thue es über den // (66r) Walger* daß es Krum wird, ist guet. /

(224.)

Hobl* schaitte$_n$* zu mache$_n$. /

Nim ein mandl* Stosße* sye Clein, nimb ein schenen / weisßen zuckher*, Stosße* ihn auch, nimb ain ganzes / ayr* drunter, rihrs* auf einer seithen* ab, schneide* / Langlete* schnizl*, Streiche* die mandl* darauf, / wickhle es auf ein holz, drickhers* in offen* oder auf in / den rohr, fein khiel*, ist guet. /

„oder auf in / den“: „in“ wurde nachträglich eingefügt.

(225.)

Gereste* Mandl* zu mache$_n$. /

Nimb ½ ℔ mandl* mit samt der schällen*, wische sye / schen ab, siets* in einer mösßigenen pfann*, ein / zuckher* mit ein halb Mösßel* wasßer, biß er schen / dickh* wird, thue die mandl* drein, rihre* sye wohl ab, / daß sich der zuckher* nit anlögt*, nime zimmet*, und / Lemoni* schällen* dran, wann der zuckher* nit bleiben / will, an den mandl*, so nim noch ein wenig gestoß: / =nen* zuckher* darzue, und etliche tropfen wasßer, / so ist es guet. // (66v)

„℔“: Zeichen für Pfund.

(226.)

Mandl* krauth* zu machen, /

Erst: ziech ½ ℔ mandl* ab, Stosße* schneide* sye aber / nit gar klein, thue es in ein degl*, schneide* / Lemoni* schöllen* lang, nimb 1 virtung* zuckher* / und Lemoni* saft*, schlag* von 3 ayrn* daß Clar* / ab, daß es schen faimbt*, thus darunter, schmirbe* / die blätl* mit weisßen* wax*, hebe es yber daß / feuer*, ehe es widerummen abkhiellen*, schmirbes* mit / ayr* Clar*, leg* die mandl* wans alles abgerihrt* / ist; bachs* schen weiß, schneide* ihn zu schenen Stuckhen*, / und lege* ihm über ein walger*, ist guet. /

„Erst:“: bedeutet ‚Erstlich‘.
„℔“: Zeichen für Pfund.
„Stosße schneide sye“: „schneide“ wurde nachträglich eingefügt.
Ein Mandelbaiser wird über einem Walger geformt.

(227.)

Mandl* schmarn* zu mache$_n$. /

Ziehe* ½ ℔ Mandl* ab, Stosße* sye aber / nit gar klein, thues in ein degl*, und ½ / firtung* zuckher* darzue, rihrs* ab, nimb von / 2 Lemoni* den Safft*, von einen die schölln*, kanst / auch gewirzt* darein nemmen, mache einen maren* // (67r) taig* an, wölg* ein blat* auß, streich* den schmaren* / drauf schen dickh*, bachs* in offen*, kanst ein eiß* / darauf machen, zuckhers* so ists guet. /

„℔“: Zeichen für Pfund.

(228.)

Gesulzte* milch* zu machen. /

Nim auf 1 Kändl* Rämb* 6 ayr* Clar*, und ein / ganzes ayr*, lög* ein bröckhl* zuckher* drein, nach: / dem man vill haben will oder siesß, auch ein rosen* / =wasßer*, sprigle* es ab, gieß* in ein kupferne / pfann*, seze es auf ein gluet*, rihrs* mit einen löfl / herab, und wann es anfangt zu Breglen*, so / gieß* in ein schisßel* aber mit den koch* löfl* / muest es herauß schöpfen*, wann dus geren kalt / hast. so laß über nacht Stehen, kanst auch ge= / schnittne* Mandel* oder Blieml* hinein Steckhen, so ist / es guet. /

„geren“: bedeutet ‚gern‘.
Es handelt sich hier um eine Rahmsulz, die auch in anderen zeitgenössischen Kochbüchern erwähnt wird.

(229.)

Johannß* Bierl* ein mache$_n$. /

Schneitte* erst: die Stingl* mit einen scherl* // (67v) auf 1 ℔ Johannß* bierl* nimb ½ ℔ zuckher* / thue den zuckher*, wann er geriben* ist in ein / mösßingene pfann*, mit samt den börl*, nimb ein / wenig wasßer, Stölle es auf ein gluet*, Biß der / Safft* herauß geht, seiche* den safft* herunter, wan / er küel* ist, so gieß* ihn dariber ab, und döckh* / sye zue. /

„erst:“: bedeutet ‚erstlich‘.
„℔“: Zeichen für Pfund.

(230.)

Griene* Nusen* einzumache$_n$. /

Nimb die Nusen*, weil sye noch kässig sein, / mache biß 7 löcher drein mit einer harnadl / hernoch wesßere* sye in wasßer ein, und laß / sye 9 tag darinen ligen*, thue ihnen alle tag / 2: frisches wasßer geben, wann sye gewäsßeret*, / laß sye in wassßer ein sudt* thun, aber / nit lenger alß ein ayr*, besteckhs* mit / zimmet* und ganzen Näglen*, nachdem nimb / ein zuckher* in ein mösßigene pfann*, gieß* / ein wenig wasßer dran, laß ihm sieden*, // (68r) Biß er schen dikh* wird, lege* die nusßen* in ein / glaß, gieß* den zuckher* dran, daß glaß mueß / voll mit zuckher* sein, Laß biß 10 oder 12 tag / Stehen, Kanst es hergeben, sein guet. /

„Nim die Nusen, weil sye noch kässig sein“: bedeutet ‚man soll die noch nicht reifen, grünen Walnüsse verwenden‘.

(231.)

Lemoni* und pomeränze$_n$* schölle$_n$* einzumache$_n$ /

Erst: siede* ein zuckher* und ein wenig waßer / dran, in ein mösßingene pfann*, thue die schöllen* / hinein, reste* sye schen, und riehrs* alzeit umb / daß sich der zuckher* nit anlögt*. ist guet. /

„Erst:“: bedeutet ‚Erstlich‘.

(232.)

Rosen* zuckher* zu machen. /

Nimb die rosen, schneidt* klein schene blätl*, walg* wege* / ein firtung*, hackh* sye ganz klein, söz sye auf / ein gluet*, in einer mösßigenen pfann*, und wann / der zuckher* zergangen ist, so laß ihn sieden*, nimb / ein waßer und thue ihm leideren*, thue die / rosen drein, lasß sieden*, thues in die glösßer, / so ist es guet. // (68v)

„walg wege“: „wege“ wurde nachträglich eingefügt.

(233.)

Pomeränze$_n$* Safft* zu mache$_n$. /

Schölle* die Pomeränzen*, schneide* daß weisße dar: / von, auch die buzen* so inwendig, nimb daß / safftige thue es in ein diechl*, druckh* den / safft** herauß so Starckh du Kanst, thue ein / zuckher* in ein mösßigene pfann*, und ein / wenig waßer, laß sieden*, thue ihm schen leit: / =eren*, gieß* den Safft* auch hinein, laß ihm sieden* / kielle* ihm recht ab, daß er nit warm* ist, gieß* / ihm, in die glöser, schaue fein immer darzue, / ist guet. /

(234.)

Butter* taig* zu mache$_n$. /

Nimb ½ ℔ butter*, wasche ihm schen in einen / frischen waßer, mach ein taig* an, mit einen / halben pfundt* mehl*, und ein bröckhl* butter*, salz / ihn mach ihn an mit einen wosßer aber nit fösst*, / zeche* ihn wohl ab, daß er nit mehr bickhet* an den / Brädt*, mache einen langen Strudl* drauß, thue // (69r) ihm 9 oder 10 mahl zusammen, mach ein laibl* drauß / lege* es auf ein brädt*, laß ihm ein Viertl Stundt / rasten, treibe* den butter* sauber ab, zieche den / taig* von ein ander, lege* den butter* drein, schlage / ihm übers Creiz, daß der butter* nicht auß schlagt. / walge* ihm auß, leg* ihm wie es der brauch ist, so / Kanst machen waß du wilst. /

„℔": Zeichen für Pfund.
„schlage / ihm übers Creiz": bedeutet ‚das Touren des Blätterteiges'.

(235.)
Maren* taig* zu mache$_{n}$. /

Mache auf ein halbs mösßl* mehl* ½ ℔ butter* vnd / 6 ayr* doter*, und wasßer so vill du nöthig hast. / salz und mach ihn an, aber nit zu fösst* und / nit zu lindt*, schneide* auch den taig* von einander / wölge* ihm auß, lög* ihm 2 mahl nach lengs / über ein ander, wölge* ihm wider auß, mach waß / du wilst. /

„℔": Zeichen für Pfund.

(236.)
Maren* torten* zu mache$_{n}$. /

Nimb ½ Mössel* mehl*, und schneidt* 3 firtung* butter* / drein, schlage 4 ayr* doter* dran, walge* ihm auß* // (69v) lege* ihm noch einmahl zusammen, walge* ihm auß, / lege* ihm auf ein blätl*, thue die fihl* waß / du wilst hinein, schmirbs* mit ayr*, und bachs* / in einen offen*, oder auf den herdt*, unten* und oben* / gluet*, zuckher* ihm, so ist er guet. /

(237.)
Hause$_{n}$* dorten* zu mache$_{n}$. /

Nimb 1 firtung* butter*, rihrn* in degl* ab, / wöge* einen kleinen firtung* zuckher* hinein, siede* / 4 oder 5 ayr* hardt, thue die doter* herauß, / hackhs* klein, thues in degl*, rihr* ihm wohl ab, / nimb ein wenig mehr, alß 1 firtung* mehl*, rihrs* / auch drein, salz ein wenig nimb auch lemoni* / safft*, und schöllen* drein, mach ihm auß, ist guet. /

(238.)
Linzer dorte$_{n}$* zu mache$_{n}$. /

Nimb ½ ℔ butter* in ein degl*, und rihr* / ihm wohl ab, biß er schen glat wird, nimb // (70r) ½ ℔ zuckher* und ½ ℔ mehl*, 3 oder 4 ayr* doter* / auch von einen Lemoni* die schöllen*, und schneidt* es / gewirflet*, thue den safft* hinein, rihrs* alles / untereinander ab, wann du ihm weiß wilst / haben, so nimb kein gewirtzt*, salz ein wenig / nimb ein Kupferne oder blöcherne schüssel*, Streich* / ihm schen dickh* auf, aber nit glat, sondern ge= / =löchlet, bach* ihn in ein offen*, mach ein Eisß* / darauf, Stelle ihn wider in ofen*, daß er truckhen* / wird, aber loß ihn braun werden, kanst / eingemachte* sachen* drauf richten*, zuckhers* so / ists guet. /

„℔“: Zeichen für Pfund.
Hier steht die Rührteigvariante, die entweder mit einer Zuckerglasur oder mit Marmelade bestrichen werden kann.

(239.)
Mandl* dorten* zu mache$_{n}$. /

Zieche* die Mandl* ab, Stosß* klein, nimb ½ ℔ / mandl*, und 1 firtung* zuckher* in ein degl* rihrs* / Starckh ab, auf ½ ℔ 10 ayr* schlage sye nach und / nach drein, sye miessen in einer Stundt hinein / kommen, dan der taig* mueß in einer Stundt // (70v) geriehrt* werden, und auf einer seithen* hernach / schmirbe* den modl* mit butter*, gieß* es hinein, / und in die herzl auch, wann er gebachen*, zuckhere* / ihn, ist guet. /

„℔“: Zeichen für Pfund.

(240.)
Biscoten* dorten* zumache$_{n}$. /

Nimb 5 ayr* in ein höfen* und 1 firtung* / zuckher*, schlage* es mit einen koch* löfl* ab, schier / eine Stundt, nimb 1 firtung* mundt* mehl*, rihrs* / darunter, gieß* in daß mehl*, schmirb* ihn mit / Butter* so ist es guet. /

(241.)
Aufgestrichne$_{n}$* Mandl* tordten. /

ziech* ½ ℔ mandl* ab, Stosße* sye aber nit klein, / thues in ein degl*, thue ein firtung* zuckher* drein, / rihrs* wohl ab, nimb von 3 Lemoni* den safft*, / klein geschnittne* Lemoni* schölln*, und ein Löfl / voll Rosoli*, oder ein rosen* waßer*. 3 oder 4 / ayr* doter*, rihrs* alles unter einander ab, streich* // (71r) hernach auf ein schüsßel*, schen dickh* nit glat, sonderen / gelöchlet, bach* ihn, mach auf dißeen ein Eisß*, und / druckhe ihn wider in ofen*, belege ihn mit eingemachten* / sachen* ist guet. /

„℔“: Zeichen für Pfund.

(242.)
Kreß* dorten*. /

hackhe* ein kreß* klein, nimb ein butter* in degl*, / treibe* ihn wohl ab, thue daß kreß* hinein, und nimb / ein semmel* breßel* und zuckher*, drein, gewirtzt*, und / salz, rihrs* alles ab, schlag nach und nach ayr* dran, / auf 1 firtung* butter* 6 oder 7 ayr*, aber von 3 / oder 4 thue daß Clar* daruon, rihrs* schier ein Stundt / ab, thue einen maren* taig* in ein böckh*, schmirb* daß / Böckh* mit butter*, gieß* den taig* hinein, mach ein / gätter* dariber, ist guet. /

(243.)
Schisßel* dorten*. /

Nimb ein wenig mehr alß 1 firtung* mehl*, salz / schneidt* den butter* drein, und ain firtung* / klein gestosßene* mandl* 3 oder 4 ayr* doter* // (71v) machs mit waßer an, kanst auch ein zuckher* / darein nemmen, aber mach ihn nit zu fösst* / an, hernach walge* ein blat* auß, lögs* auf ein / schisßl*, lög* auf die mitten ein fihl*, schneidt* ihn / ein, flechte ihn, aber in die mitten mach ein / gätter*, Kanst ein Eisß* drauf machen ist guet. /

(244.)
March* dorten*. /

Mach ein Koch* mit 3 ayr* doter*, und ein / wenig mehl*, thues in ein degl*, nimb ain / firtung* march*, und ain firtung* zuckher*, / 1 firtung* ziweben*. 1 firtung* Weinberl*. 1 / firtung* mandl* zieche* es ab, schneide* es dünn* / und lang, nimb ein wenig butter*, zimmet*, und / Nägl* Stup*, nimb ein wenig wein oder rosen* / waßer*, und ein Lemoni* safft*, und schölls* / riehrs* alles ab, salz mach ein maren* taig* / an, walge* ein blat* auß, schneitt* runde blätl* // (72r) drauß, und thues umb und umb Kränzlen, thue / die fihl* drein, und strehe* widerum gefihlte* / geschnitne* mandl* drauf, schmirbs* mit einen / ayr*, und bachs* in offen*, oder auf den herdt*, unten* / und oben* gluet*, ist guet. /

(245.)
Semmel* mit weixel* fihlen*. /

Reibe* die rinten* umb und umb herab, hernach / holl die semmel* auß, daß es schen holl* ist, reste* es / liecht* braun, siedt* die weixl*, hackhs* klein, thue ein / butter* in ein pfändl*, reste* semmel* breßl* nit / zu braun, darnach thue so vill alß gehackhte* / weixl* drein, biß die semmel* voll wird, Nägerl* stup* / und zuckher* darauf, hernach fihls* in die semmel* / auß der semmel* muest ein deckhl herauß schneiden* / wann die semmel* gefihlt* ist, so lege* den döckhl / wider darauf, auch die andere gehackhte* weixlen*, thus / in ein reindl*, gieß* die Briehe* hinein, wo die wix / weixl* gesotten* haben, laß sieden* mach* es mit butter* / und semmel* breßl* zueri*, thue Nägerl* stupp* dran // (72v) auch zugger* gieß* über die semmel*, laß auf / der gluet* breglen*, kanst auch so die gefihlten* / krepsen semmel* machen. wann du zuuor die / schwaifl* gehackht* und gestoßne* mandel* dar= / =unter genommen, auch mit krepsbutter* zueri* / gemacht* hast. ist sehr guet. /

(246.)
Geschnittne* Mandl* Koch*. /

Nimb ½ ℔ zuckher*, leitere* ihn, und siede* / ihn biß er ab spint*, nimb ½ ℔ mandl*, schölls* / ab und schneidts* langlet*, aber nit alle zerschneiden*, / nur halben thail*, und den anderen thail* Stosß*, her: / nach thues in den zuckher*, und schlag nach und / nach ayr* dran, 8 ganze und 4 doter*, rihr* es / ab, laß ein halbe Stundt bachen*, so ists guet. /

„℔“: Zeichen für Pfund.

(247.)
Wie man die gänß einbaißet*.

Nimb ein gebutzte ganß, salz ein, laß / ein, laß etwan 2 oder 3 tag in salz ligen* // (73r) darnach lege* es in einen guten eßßig, laß 10 / oder 12 tag ligen*, wan du sye braten* wilst, / mueß es mit pfeffer und Nägel* stup* wohl / eingewirzt* sein, auch Lemoni* blätl*, und einen / safft*, brats*, und richts* in ein Bastetten*, so / ist es guet. /

(248.)
Suppen von hänner* Baindl* /

Stosße* die Baindl* klein, nimb ein bätes* schnidl* / khers* in der fleisch* briehe* umb, Stosß* auch mit, / und wan alles klein ist, so thu es in reindl* / gieß* ein fleisch* brie* dran, laß wohl sieden* thus / durch ein Sib* treiben*, thue die suppen wider in die / rein*, mach* es zueri* mit einen mundmehl*, lög* ein / gewirzt* dran, und butter*, laß sieden*, richts* / auf bäthe* schnidl* an, ist guet, /

(249.)
Ein Schödl* von hänner bluet*. /

fange daß bluet* auf in ein degl*, gieß* ein wenig / eßßig darzue, rihrs* wohl ab, thue 2 ayr* hinein, von // (73v) einer semmel* schneide* kleine brockhl*, auch faisten* / hinein und gewirzt*, salz, gieß* auch wohl ein / mößßl* milch* hinein, rihrs* dißßes alles unter= / =einander ab, hernach thues in ein mößßigene / pfann*, rihrs* auf den feuer* herab, daß zusammen / geth, hernach thues in sib*, laß abseichen* / thues in ein schisßl*, mach ein butter* briehe* / dariber ist guet. /

(250.)
Mandl* Suppen mit Rämb* /

zieche* erst: die mandl* ab Stosß* in einen / merser* so Klein alß du Kanst, gieß* ein rämb* / daran, treibs* bräf ab, gieß* in eine kupferne / pfann*, lög* ein zuckher* dran, daß es sieß wird, / söz auf daß feuer*, Klopfs* mit einen löfl ab, / daß nit anbrint*, salz es, richts* über bäthe* / schnidl* an, gilbs*. ist guet. /

„erst:“: bedeutet ‚erstlich‘.

(251.)

*Mohcacener** dorte$_{n}$* zu mache$_{n}$ // (74r)

Nimb 1 ℔ guette mandl* wische es ab. Ziechs* ab, / Stosse* es aber nit gar zu klein, thues in ein degl* / richt* daß gewirzt*, Stoß* auch nit zu klein, alß 2 loth* / zimmet*, 1 loth* Nägerl*, nimb ½ ℔ gestosßnen* zuckher*, / thues in ein degl*, schlage 4 ganze ayr* dran, / daß gewirzt* mueß in den zuckher* hinein kommen, / rihrs* ½ Stundt ab, gieß* in die gestosßene* Mandl* / nimb von 2 Lemoni* klein geschnittne* schöllen*, auch den / safft*, mach es an, laß ein weil Stehen, damit er / anziecht*, nimb ain schißel* bestreiche* es mit ayr* / Clar*, belegs mit oblaten*, hernach wird der taig* dar= / auf gestrichen* ein guetten finger dickh*, Laß ihn bachen*, / wann er ein wenig gebachen* betreffe* ihn mit / Lemoni* safft*, und laß ihn widerum bachen*, aber nit / Starckh, hernach nimb weinn waßer, und klein / gefethen* zuckher*, mach ein Eisß* darauf, aber nit / dickh*, laß druckhen* werden, fihle* ihn mit eingemachten* sachn*, // (74v)

„℔“: Zeichen für Pfund.

(252.)

Aufgegangene* Löber* zu mache$_{n}$. /

Nimb ain kölberne* Löber*, hackhs* klein, / thue es in ein degl*, und ein handt voll semmel* / Breßl*, ein wenig milch*, und ein wenig butter* / auch waß grüns* hinein, treibs* mit einen koch* / Löfl* ein ganze Stundt ab, schlag 8 oder 9 ayr* / dran, aber nach und nach, auch zimmet* Stup*, / und salz; wann es zu dickh* ist, so gieß* ein milch* / daran schmirbe* ein böckh* mit butter*, löge */ ein nözl* darein, gieß* den taig* hinein, thue daß / nözl* dariber zusammen, bachs* in ofen*, unten* und /oben* gluet*, so ists guet. /

(253.)

Mueß* an eine$_{n}$ fastag. /

Nimb erst: Weinberl*, zibewe$_{n}$*, Mandl*, / eines so vill alß d^{a}ß and^{er}e, wasch die weinn= / Berl*, schwöll* die mandl* ziech* ihne$_{n}$ die haut ab, / auß de$_{n}$ ziwebe$_{n}$* die stingl* daruon, nimbs // (75r) alßdann hackhs* durch einand^{er} ganz klein, alß / wie ein Lungl mueß*, nimb ein harte semmel*, / Stoß* und rests* die semmel* breßl* in schmalz*, / nimb d^{a}ß gehackhte* darzue, gieß* in ein häferl*, / daran mit guette$_{n}$ Linden* gewirzt*, zuckhers* Laß / also siede$_{n}$*, ein guete weil, d^{a}ß es dickh* wird, dan / so richts* an, ist guet. /

„erst:“: bedeutet ‚erstlich‘.

(254.)
Kreps mueß* zu mache$_n$. /

Stosß* erst: lewendige Krepsen gar klein, / treibs* mit weinn durch, wann sye durchgetribe$_n$* / seint, so thue wohl ein zuckher* drein, schlag ayr* / dran, auf ein schüsßel*, 6 od^{er} 9, schmirbe* ein / schüsßel* mit butter*, gieß* es darein, aber zuuor / mueß man es wohl abrihre^n*, söze es auf ein / siedente$_n$* häfen*, d^{a}ß voll mit siedente$_n$* wasßer ist, / döckhs* zue, d^{a}ß wasßer mueß alzeit siede$_n$*, wann / es zusamme$_n$ gange$_n$ ist, Strehe* zimmet*, und Zuckher* / darauf, gibs warmer auf de$_n$ tisch, ist guet. // (75v)

„erst:“: bedeutet ‚erstlich‘.

(255.)
Ayr* dorte$_n$* zumache$_n$. /

Nimb 2 od^{er} 3 handt voll semmel* breßl*, zer: / lasße eine$_n$ butter*, schitte* die semmel* breßl* drein, / d^{a}ß, sye alle mit butter* benezt* seint, thue / auch ein guette$_n$ milch* rämb* dran, 7 od^{er} 9 ayr*, / zuckher*, und zimmet*, thue es in ein böckhl*, und / darum ain taig*, wanns ge ~~sotte$_n$~~ bach$_n$* hat, zuckhers*, / so ists guet. /

„wanns ge sotten bachn“: „bachn“ wurde nachträglich eingefügt.

(256.)
Ayr* mueß* zu mache$_n$, /

Nimb ayr* so vill du wilst zerschlags* in / ein degl*, woll ab, nimb ein wenig schmalz*, / in ein pfann*, gieß* die ayr* drein, salz, rihr* / auf einer gluet* ab, rihrs* stets ~~auf~~ mit eine$_n$ ~~gluet~~*, / Löfl in d^{er} pfanne$_n$*, d^{a}ß es nit anbrint*, richts* in / ein schüsßel*, Strehe* es mit semmel* bresl* ist guet. /

„stets auf mit einen“: „mit“ wurde nachträglich eingefügt.

(257.)

Ein gehäckht* zu mache$_n$. /

Nimb auf ain tisch 4 od^{er} 5 ayr*, zerschlags // (76r) nur so vill, od^{er} nur ein guette milch*, salz, schneits* / gar dünne* schnidl*, klein, und in die ayr* und / milch*, gieß* in ein pfanne$_n$*, undte$_n$*, und obe$_n$* gluet*, söz / auf ein schüssel*, so ists guet. /

(258.)

Gefihlte* ayr* zumache$_n$. /

Siedt* ayr* gar hart, schölls* schneidte* es in d^{er} / mitte$_n$ von einand^{er}, thue de$_n$ doter* herauß, / d^{a}ß d^{a}ß weisße schen bleibt, hackh* die doter*, thue es / in ein schüsßel*, leg* gewirzt* daran, schlag ein / roches* ayr* in die doter*, salz, und fihls* ein, bach* / es in schmalz*, zerschlage ein ayr*, thue die / gefihlte$_n$* ayr* darin umkhere$_n$*, bach* es schen, /

(259.)

Oxen* augen* zumache$_n$ /

Schlag ein ayr* in ein schüsßel*, salz, thue / ein wenig mehl* darauf, nimb in ein pfane$_n$* / ein schmalz*, laß gar heiß* werde$_n$, d^{a}ß es brine$_n$ / thuet, schitt* d^{a}ß ayr* hinein khers* umb ist guet. // (76v)

„daß es brinen / thuet“: bedeutet ‚dass es brennt/dass es heiß genug ist‘.

(260.)

Baum* wohlene Nudl* zu mache$_n$. /

Nimb ein schenes* mehl*, salz es nimb 2 ayr* / doter*, und ein Lablete* milch*, und 2 Löfl / voll germb*. Sprigle* es untereinand^{er} ab, gieß* / in d^{a}ß mehl*, mach ihn nit zu vösst* an, gleich d^{a}ß / er sich Last außmache$_n$*. mache nudl* drauß eins / halbe$_n$ daumb groß, Laß* es wohl gehe$_n$*, schmirbe* / ein pfann* od^{er} ein Böckh* mit butter*, gieß* dar= / =iber ab, unte$_n$* und obe$_n$* gluet*, wann mans an= / richt*, kann man noch ein butter* driber gießße$_n$*, / so seint sye guet. /

Kleine Buchteln.

(261.)

Schne ballen* zu machen. /

Laßße eine$_n$ brockhen* schmalz* in einer milch* / warmb* werde$_n$, gieß* auch ein wenig warm* / gemachte$_n$ weinn daran, schlag 4 od^{er} mehr / ayr* dran, darnach mache also de$_n$ taig* an, / nit zu dünn*, noch zu faist*, nachdem walge* // (77r) ein rundeß blätl* auß, rohl es zusam, bache* es / in eine$_n$ heisße$_n$* schmalz*, so kann man die hirsch* / gestiem* auch mache$_n$, zuckhers*, ist guet. /

Das Rezept ist unvollständig, so ist kein Mehl angegeben.

(262.)

Waller* ein zu mache$_n$. /

gieß* siediges* waßßer über den waller*, d^{er} noch / lebt, wasche ihn schen ab, waide* ihm auß, salze / ihn und schneidt* ihn zu Stickhl*, Loß ihn ein wenig / in Salz liege$_n$*, mach ein waßßer siedent*, Lege* die / Stuckh* darein, und ein wenig eßßig dran, wann / sye nur halb verfeimt* sein, seiche* d^{a}ß wosßer ab, / treibe* eine$_n$ guete$_n$ Lebzahlte$_n$*, in eine$_n$ guete$_n$ wein / durch, reste* eine$_n$ klein gehackhte$_n$* zwifl* in schmalz*, / thue gewirzt* drein, gilbs*, und laß siede$_n$* so ist / er guet. /

(263.)

*Höcht*en* in eine$_n$ Kren*, /

Wan d^{er} höchte$_n$* blau abgesotte$_n$* ist, so seich* ihm ab, / lege* ihn auf ein schüsßel*, thue de$_n$ klein gehackte$_n$* kren* // (77v) in ein sauberes höferl*, gieß* ein Brihe* dran, / und ein wenig wein, Loß ein wenig siede$_n$*, / und schitte* es alßdan warmer* an de$_n$ fisch, / nimb auch Imber* Stup* darzue, ist guet. /

(264.)

Grundle$_n$* in einer schwarz$_{en}$ Nägerl* supen, /

Siede* die grundl* blau, wan sye gesotte$_n$* sein, / so seich* es ab, lögs* in ein schisßel*, siede* in / einer pfann* eine$_n$ guette$_n$ wein, lög* zuckher* / auch latwerge$_n$* darein, so wird es schwarz, / reste* klein gehackhte$_n$* zwifl* und Nägerl* Stup* / wann die briehe* gesotte$_n$* hat, gieß* über die fisch, / ist guet. /

(265.)

Höchte$_n$* und and^{er}e fisch blau zu siede$_n$* /

wasche de$_n$ fisch sauber ab, gieß* über die / Lebendigen fisch 2 mahl de$_n$ heisße$_n$* esßig ab, / also d^{a}ß die briehe* über de$_n$ fisch aufgeth, laß / de$_n$ fisch noch ein waller* thun, ist ferchtig. // (78r)

(266.)

spänisches brodt zu mache$_n$. /

Nimb ein semmel* schneidt* sye wie zum Wein= / =bierl* Strizl*, schmirb* ein blecherne schüsßel* mit / Butter*, und nimb ein kalte milch* schlage zu 2 / semmel* 6 ganze ayr*, zuckhers*, nimb zimmet* / drein, lemoni* schölle$_n$*, richte* d^{a}ß brodt, wie ein / scheider* hauffen* in die schisßel*, gieß* die milch* / drein, und schitte* es wid^{er}um herunter, so lang / Biß es die semmel* völlig aufgezoge$_n$* habe$_n$, thue / unte$_n$* und obe$_n$* gluet*. bachs*. ist guet. /

Eine Art von Scheiterhaufen.

(267.)

Gefihlten* khell* Räbe* zu mache$_n$. /

Schneide* den gesodnen* und geschölten* khellrebj* in 4 / thaill*, thue daß inwendige herauß, und hackhe* es / klein, hackh* auch die gesodtne* und außgeleste* / krepsen, oder kälbernes* bräth*, und mache ein / fihl* mit ayrn*, und ein wenig semmel* breßl*, / ein wenig milch* rämb* darunter, fihle* es, in die // (78v) spalten* schen ein, richts* in ein schisßel*, mach / ein guette butter* suppen* dariber, lege* ein / gewirzt* drein, laß mit oben* und unten* / gesezter gluet*, wohl aufbreglen*, ist guet. /

(268.)

Kreps Nudl* zu mache$_n$. /

mache ein mare$_n$* taig* an, schneidt* ihn wie / die geschnittne* Nudl*, Bachs* in schmalz* schen / goldt farb, nimb von de$_n$ krepsen die schwänz*, / Strähe* die gesotne* außgeschelte* krepsen, mit / de$_n$ gebachnen* Nudl* auf eine schisßel*, gieß* ein / siesße$_n$* Rämb* daran, unte$_n$* und obe$_n$* gluet*, ist / guet. /

(269.)

Bier suppen. /

Nimb ein guettes bier, und halbe$_n$ thail* / guette$_n$ milch* rämb* 2 ayr* doter*, butter*, pfeffer, / und ein wenig salz, und richts* auf ein / gebethe* semmelschnidl* an, ist guet. // (79r)

(270.)

Weinn Suppen zu mache$_n$. /

Nimb ein guette$_n$ Weinn, ein wenig waßer / darunter, 3 ayr* doter*, ein wenig ein butter*, / zimmet* Stup*, pfeffer, Lemoni* schölle$_n$*, *Muhcat**: / =bliehe*, ein wenig ein zuckher*, salz, laß siede$_n$*. / gibs. /

„*Muhcat*": bedeutet ‚Muskat'.

(271.)

Grieß* mueß* zu mache$_n$. /

Nimb bertram*, betersill*, alles sauber / außgewasche$_n$. zerstoß* in eine$_n$ merßer*, gieß* / siesse milch* dran, wann es außgedruckht* ist, schlage / 3 od^{er} 4 ayr* darunter starckh ab, thue es auf / einer mit zerlaßne$_n$ schmalz* geschmirbte$_n$* schisßel* / mache$_n$ obe$_n$* und unte$_n$* gluet*, laß* es also auf: / gehe$_n$*. /

Es fehlt der Grieß.

(272.)

Hänner mueß* zu mache$_n$. /

Nimb ein gesottene* hänn, bachs*, hackhs* klein, / darnach Stosße* es ganz zart, wann d^{a}ß bräth* // (79v, 162) faist* ist, so nimb ½ firtung* gestosßene* / mandl*, rihr* die mandl* mit eine$_n$ firtung* / Butter* ab, und d^{a}ß bräth* mit milch*, biß wird / wie ein Koch*, hernach thue alles untereinand^{er}, / rihr* es gar wohl ab, thue zuckher* daran, und 6 / abgespriglete* ayr*, machs, und bachs* in einer / schisßel*, mit eine$_n$ raif*, ist guet. /

(273.)

Straumb* Koch* zu mache$_{n}$. /

Nimb die Straumb* hackhe* es klein, hernach / thues in ein reindl*, gieß* eine$_{n}$ siesße$_{n}$* rämb* / daran, und ein zuckher*, rihr* es wohl ab, / vnter einand^{er} biß es schen dünn* wird, her: / nach söz auf ein gluet* d^{a}ß er schen zusam, / geth, und wann es ist wie ein grieß* koch*, / so richts* auf eine schüsßel*, schön an, ist / recht, und guet. // (80r)

(274.)

Pinoli* Blämbl* zu mache$_{n}$. /

Nimb *Pinoli** so vill du wilst, hernach scholß* sye / auß, aber du derfst wohl aufschaue$_{n}$, in d^{er} mitte$_{n}$ / ist ein rendl*, d^{a}ß du nit darein schneidest*, hernach / nimb ein frisches wasßer in ein gleßl, und Lege* / die Kerndl hinein, Laß über nacht Stehe$_{n}$, de$_{n}$ and^{er}e$_{n}$ / tag miesßen es schene Blieml* sein, wann du die / ferndl* schneidest*, so wird nichts darauß. /

(275.)

Dopfen* Strudl* zu machen. /

Mach eine$_{n}$ taig* an, alß wie zu eine$_{n}$ and^{er}e$_{n}$ Strudl*, / hernach walge* ein schenes Blat* auß, und streich* de$_{n}$ taig* / darauf, mache den taig* an, nimb in ein degl* ein / wenig topfen*, treibe* de$_{n}$ topfen* schen ab, schlag / ain ayr* und ein doter* darein, und nimb semmel* / Breßl*, rihrs* darunter, salz ein wenig, Streich* / ihm auf d^{a}ß Blat* schön auf, rohl ihm zusamme$_{n}$, her: / =nach Laß de$_{n}$ Strudl* in wasßer siede$_{n}$*, thue ßemmel* / Breßl* und butter* darauf, schmölze ihn auf, ist guet. // (80v)

(276.)

Kreps Pafösen* zu mache$_{n}$.: /

Erst: wann die Krepsen gestosßen*, schölß* / schen auß, hackhs* gar klein, nimb auch mandl* / drein, und mach sye wie die and^{er}e$_{n}$, man / gibts Biß weile$_{n}$ auch in einer Butter* briehe* / dariber, ehe mans anrichte$_{n}$* will. ~ /

„Erst:“: bedeutet ‚Erstlich‘.

Krebs Schalen zu machen:

Erstlich wann die krebsen gesotten, schele
sie aus, hackh's gar klein, nimb auch mandl
darein, und mach sie wie die andern; man
gibt sie warm auch in einer butter brühe
darüber, so man anrichten will.

Krebsen nudln mit mandln zu machen.

Nimb ein schilling grosse krebsen, wans
aber klein seind 2 schilling, nimb ½ [illegible]
mandl [illegible] krebsen, die mandl thue gleich
darunter, und nimb zimet gewürtz, thue
ein krebs butter, dessen roth wird, schlag
3 ayr auf ein 2 mehl, [illegible] ob wohl ab,
und rühr durch einander, salz, schmier ein
schissl mit butter, [illegible], [illegible]
ist guet.

(277.)

Krepsen mueß* mit mandle$_{n}$* zu mache$_{n}$. /

Nimb ein schilling grosße Krepsen, wans / aber klein seint, 2 schilling, nimb so vill / mandl* alß Krepsen, die mandl* thue gleich / darunter, und nimb zimmet*, gewirzt*, thue / ein Kreps* Butter*, d^{a}ß schen roth wird, schlag / 13 ayr* auf 2 mahl, sprigle* es wohl ab, / und rihrs* durch einand^{er}, salz, schmirb* ein / schissel* mit Butter*, zuckhers*, Bachs* khiell* es, / ist guet. // (81r)

„Nimb ein schilling grosße Krepsen": bedeutet eine Mengenangabe.

(278.)

Haubete Kuechl* zumachen. /

Nimb halb rockhenes* halb waizenes* mehl*, und / ein Lablets* waßer, mach de$_{n}$ taig* an, schlag / 2 ayr* darein, schlags* wohl ab, d^{a}ß er wohl / Blater$_{n}$* gibt, schlag es in die pfann* mit dem / Löfl ein, d^{a}ß schmalz* muest nit zu tief nemme$_{n}$, / und behalt de$_{n}$ taig* in d^{er} werme, salze ihm. so / ists guet /

(279.)

Websen* Nösst* zu mache$_{n}$. /

Nimb ein schens* mehl*, eine$_{n}$ guette$_{n}$ germb*, nimb / ein Lablete* milch* ein Butter* drein, auf ein / halbs mösßel* mehl* 3 ayr* doter*, mach ihn recht an, / salz ihm, hernach mach ihm auf ein Bräth* auß, und / druckhe* runde Laubl* auß, Laß* auf de$_{n}$ Bräth*. / gehe$_{n}$*. schmirbe* ein Böckh* mit Butter*, Löge* sye / darein, wann die erste Leg* voll ist, so schmirb* / sye in d^{er} höche mit Butter*. so ists guet. // (81v)

(280.)

De$_{n}$ Kupferne$_{n}$ dorten* zu machen. /

Zieche* ain ℔ mandl* ab, und laß sye über / nacht Stehe$_{n}$ in eine$_{n}$ frischen waßer, hackhe* es / klein, thues in ein degl*, rihr* die mandl* ab, / und ½ ℔ zuckher*, von 2 Lemoni* die schölle$_{n}$*, / und schlage* von 2 ayre$_{n}$* d^{a}ß Clar* ab, d^{a}ß es / schen Bergig wird, rihrs* d^{a}ß alles unter ein: / and^{er} komt, schmirb* ein schisßl* mit Butter*, / streich* de$_{n}$ taig* darauf, schön dickh* in die mitte / ein fihl* gemacht ist guet. /

„℔": Zeichen für Pfund.

(281.)

Aufgegangenes* mehl* mueß*. /

Nimb auf ein tisch ungefehr 8 ayr*, thue / einen siesßen* rämb* darunter, und ein / wenig mehl* darein, rihrs* wohl ab auf einer / seithen*; nimb ein schmalz* in ein pfan*, Laß / zergehen, gieß* die ayr* in den rämb* schen Lang= / samb, söze es auf ein gluet*, unten* und oben* // (82r) Laß Langsam aufgehen*, so wirds Braun, ist guet. /

(282.)

Ayr* schmalz* von Khell*. /

Nim de$_{n}$ khell* d^{a}ß schen herzl*, schneits* zu 4 / thail*, Bire* ihm fein wohl, schaue d^{a}ß du die / herzl* nit brichest, rests* schen Braun, salz, Lögs* / in ein schüsßel*, so offt ein herz* khell*, so offt / schlag ein ayr* darnebe$_{n}$. söz die schisßel* in ein / warmme$_{n}$ oschen*, so ist es guet. /

(283.)

Krößs* Würstel* zu machen. /

Brite* erst: d^{a}ß Kräß*, hackhs* klein, und auch / eine$_{n}$ spöckh*, thues in ein degl*, und semmel* breßl*, / dran, und ein milch* 4 ganze ayr*, biß er die / rechte dickhe* Bekomt, muest auch ein grienes* / und eine$_{n}$ maran* darunter hackhe$_{n}$*, salze es / und fihl* es in de$_{n}$ darm ein, hernach siede* es / ein wenig in einer fleisch* briehe*, thues in einer pfan* resten / , so ists guet. // (82v)

„erst:“: bedeutet ‚erstlich‘.

(284.)

Mueß* von Ayr* Clar* /

Nimb 4 ayr* Clar*, und ein Löfl voll / guettes* mehl*, sprigle* es wohl ab unter= / =einand^{er}, söz ein mösßl* siesße$_{n}$* rämb* über, / Laß ihm siede$_{n}$*, und wans siedt*, so schitte* d^{a}ß / taiglein* darein fein gemach, und rihr* es / wohl ab, salz, und Stups*, so ists recht. /

(285.)

Holler* hippen* zu mache$_{n}$. /

Nimb schenes* mehl*, thue pfeffer Stupp* / darein auch rosen* marin* od^{er} margaran* / Blätl*, nimb warmes* waßer thue ein Bröckhl* / schmalz* drein, mach ein dins* daigl* an, nimb / zuckher* od^{er} henig*, wilst du weiß habe$_{n}$, so nimb nur / d^{a}ß Clar* von de$_{n}$ ayr*, auf eine$_{n}$ mittere$_{n}$ weitling* 2 / ayr*, daß eisen* schmirb* mit schmalz*, thue d^{a}ß eise$_{n}$* zue, / thus auf d^{a}ß feuer*, und walgs* über eine$_{n}$ kleine$_{n}$ walger* / ist guet. //

Glossar

Lemma	Schreibvariationen	Belegstelle	Bedeutung
ab spint		MEK 246	Zucker zu Sirup, bis zum kleinen oder großen Flug einkochen
abgeribne	geriebne, geribnen, reib, reiben, geriben	MEK 79	abreiben, durch Reiben entfernen, beseitigen, durch Reiben säubern, trocknen, zerkleinern
abkhiellen	khiell ab, khiels ab, kielle ab	MEK 8	abkühlen, kälter, kühler werden lassen
ablauffen		MEK 80	ablaufen, auslaufen, ab-, wegfließen
abpreinen		MEK 30	ein wenig braun werden lassen, leicht bräunen
absieden	Siede ab	MEK 60	sieden bis etwas gar ist, durch das Sieden reinigen, abkochen
abzechen	zäche ab, zeche ab	MEK 210	abziehen, durch Abschleifen von Unebenheiten glätten, mit etwas verrühren und dadurch eindicken, legieren
Äderl	äderl	MEK 60	Ader, Blutgefäß
Allfisch	ällfisch	MEK 70	Aal
Ammereln		MEK 209	Amerelle, Sauerkirsche
aneiß	Aneiß	MEK 77	Anis
Angiloti	Anguilloti	MEK 149	kann eine Art von Ravioli meinen oder: Anguilla (ital.), Aal
anlauffen	laufft auf, auflaufft	MEK 13	anschwellen, aufgehen, anbraten
anlegt	anlögt	MEK 134	anlegen, beschlagen, anbrennen
anprinen	an brindt, anbrent, anbrint	MEK 74	anbrennen
Antify Stauden		MEK 39	Endivie, Salatpflanze
anziecht	aufgezogen	MEK 251	Geschmack/Geruch/Flüssigkeit aufnehmen
anziehen		MEK 92	aufgehen, garen lassen
arbes prie	arbas brie, arbäs prie, arbes brie, arbeß Brüehe, arbeß Brie, arbeß Briehe, arbß Briehe	MEK 71	Erbsensuppe, -brühe, -sauce, Suppe aus Erbsen, Gewürzen u. a.
Arbeß	arbeß, arbes, arbas, arbäs, arbß	MEK 68	Erbse
Artischöckhen		MEK 145	Artischocke
Aschen	arschen, äschen	MEK 71	Äsche, im Süßwasser lebender Lachsfisch mit hoher Rückenflosse
außgelesten	leß auß, Lese auß, auß geleste, außgeleste, Lese aus, lese auß, herauß gelesten, auß gelestes, auß gelesten, aus geleste, lös auß	MEK 30	auslesen, verlesen, ausklauben, aussieben, aussortieren, entfernen
außmachen		MEK 260	ausmachen, den Teig in Form bringen, ausrollen

Lemma	Schreibvariationen	Belegstelle	Bedeutung
austhaillung		MEK 135	Verteilung, Ausbreitung, Zubereitung
ayr	air, airen, Ayr, ayrn, ayren	MEK 1	Ei
ayr Clar	ayr clar, Clar, ayrn Clar, ayrn klar, Ayr Clar	MEK 14	Eiweiß, Eiklar
ayr dotter	ayr doter, ayr dodter, ayr doder, air dotter, ayr dodler, dotter, Ayr dotter, doter, ayrdoter	MEK 9	Dotter, Eidotter, Eigelb
ayr flarn	ayr flären	MEK 167	Eierfladen, Pfannkuchen, Palatschinken, Omelett
ayr Mueß	Ayr mueß	MEK 175	Eiermus, Eierspeise, Rührei
Ayr schmalz	ayr schmalz, ayren schmalz	MEK 164	Eierschmalz, Eierspeise, Rührei
ayr weis		MEK 1	Eiweiß, Eiklar; siehe ayr Clar
Baum wohlene Nudl		MEK 260	gegarter Germteig in der Form von Spätzle
bertram		MEK 271	Bertram, Kuttelkraut, Estragon, Gewürz mit scharfem, brennendem Geschmack
bestöckht	Bestöckhs, Stöckhs, bestöckh, stöckhs, stöckh, bestöckhs, Bestöckhe, Steg an, stöckhe, Stöckh an, Stögs an, besteckhs	MEK 18	bestecken, aufstecken, einstechen, spicken
Bestreigs	bestreich, bestrichnes, streichs, bestreichs, Bestreichgs, Streich, auf streichen, Streichen, Streih auf, Streiche auf, bestreiche, Streich auf, Streichs, Bestreiche, Streihe, Streiche, streich, Aufgestrichnen, gestrichen	MEK 1	bestreichen, mit einer Auflage, einer Schicht bedecken
biberschwaif	biber schwaif	MEK 135	der Schwanz/Schweif des Bibers
bickhet		MEK 234	kleben, picken
Bire		MEK 282	brühen, kochen, sieden
bischgotten	Biscoten	MEK 118	Biskotte, Löffelbiskuit
Bixen		MEK 217	Büchse, kleines Gefäß, Behälter mit Deckel
Blatern		MEK 278	Blase
bläthl	blath, Plath, blat, blätl, Blat, Bladt, Blätl, blötl, Plätl	MEK 30	Blättlein, dünn/blättrig zugeschnittenes Stück, Scheibe, Stück, Teigblatt
Blieml	Blämbl	MEK 228	Blume, einzelne Blüte einer Blume
bluet		MEK 249	Blut
böckh	Böckh, bökh, böckhl	MEK 173	Backform, Bräter, Pfanne, Schüssel
bockh ayr		MEK 131	Backei
bölzl		MEK 145	Pelz
brädtfisch		MEK 115	Bratfisch
brene auf	aufbrennen, Breß auf	MEK 164	mit Fett übergießen, bräunen
Brockhet	prögl, brögl, bröckhl, brockhl, brockhen, Bröckhl	MEK 14	Brocken, Stück, bröckelig, brüchig, bröselig, krümelig

Lemma	Schreibvariationen	Belegstelle	Bedeutung
bruner öpfl	Brünnling, Brünerling, Brunner, Brinaling, Plinaling	MEK 128	Apfelsorte
Cästerel		MEK 18	Kasserolle, Topf mit Stiel zum Braten und Schmoren
Clauen	klauen	MEK 135	Klaue, Tatze, Kralle
Copaun	Khapaun, Capaun, Capauner	MEK 19	Kapaun, kastrierter, gemästeter Hahn
Cränzl		MEK 189	Kranz, Ring
daffl	tafl	MEK 84	Tafel, Tisch
daig	dayg, thaig, taig, taiglein, daigl	MEK 1	Teig
dämpfl		MEK 5	Dampfl, in kleiner Menge hergestellter, mit Hefe angesetzter Teig, der, nachdem er aufgegangen ist, mit der eigentlichen Teigmasse vermischt wird
Dardofellen	dör dofeln, därdofellen	MEK 62	Trüffel
Dauben		MEK 133	Taube
degl	tegl, tägl	MEK 2	Tiegel, irdener Topf, flaches rundes Gefäß zum Erhitzen
deller	täller	MEK 53	Teller, Teil des Geschirrs
dickh	dickhlet, dickhe, dickher, dickhen, dikh	MEK 4	Dicke, Konsistenz, dick, groß, angeschwollen, eine gewisse Dicke/ Größe aufweisend
diechl	thuech, tuech, duech	MEK 60	Tuch, ein Stück Stoff
din	diner, dines, dinn, dünn, dünne, dins	MEK 2	dünn, flüssig, weich
dinsten	diensten	MEK 44	dünsten, in einem zugedeckten Gefäß mit wenig Fett oder Flüssigkeit garen, dämpfen
döckhs zue	döckhe zue, döckh zue, deckhs zue	MEK 27	zudecken, bedecken
dopf		MEK 32	Topf, Gefäß zum Kochen, mit Deckel
dopfen	Dopfen, topfen	MEK 5	Topfen, Quark
Dopfen Nudl		MEK 5	Topfennudel
dopfet		MEK 106	topfig, wie Topfen
dorten pfann		MEK 220	flache Pfanne mit Deckel zum Backen von Torten
dorthen	dordten, Dorden, Dorthen, Dorten, dortten, torten, dorten, tordten	MEK 2	Torte, Kuchen
dräpfe	beträffs, Beträpf, tröpfs, träpf, träpfs, tröpfe, betreffe, trapfe	MEK 1	tröpfeln, in kleinen Tropfen langsam niederfallen oder an etwas herabrinnen lassen
drärs auf		MEK 17	durch eine Kreisbewegung eine Kugel formen
drauben		MEK 145	Traube, Blütenstand

Lemma	Schreibvariationen	Belegstelle	Bedeutung
dreibs durch	dreibs ab, threibs durch, threib ab, dreib durch, dreibe durch, treibs durch, dreybe durch, durch getribne, abgetrieben, treib ab, treib durch, abtreiben, treibs ab, treibe ab, durch treiben, durchgetriben	MEK 12	durch ein Tuch oder Sieb durchtreiben, durchpressen, passieren, sieben, seihen, rühren
drostl		MEK 77	vermutlich: ungenießbare Teile der Gurgel
druckhe	druckh, truckh, truckhs, druckhs, zertruckhe, auß gethruckht, außgethruckht, druckhs auß, thruckh, druckh auß, truckh auß, trugen, truckhe auß, truckh durch, truckhs durch, druckh herauß, außgedruckht, druckhe auß	MEK 14	drücken, pressen, zerdrücken, mörsern, ausdrücken, ausstechen
druckher	drickhers ab, drickhers, truckhen, druckhen	MEK 8	trocken, fertig gegart, ausgebacken, gar, dörren
Eill fish	Eillfisch	MEK 147	Aal
ein paisen	zu Paisßen, einpaisen, gebaist, einbaißet	MEK 73	die Beize, die Marinade, beizen, mit Beize/Marinade behandeln, bestreichen, einreiben oder vermischen
ein truckhen	dunckhe	MEK 111	eindrucken, eintunken, eintauchen
eingebrendtes	eingebrent	MEK 90	Einbrenn, Mehlschwitze, aus in Butter oder in anderem Fett leicht gebräuntem Mehl bestehende breiige Masse
eingemachte sachen	eingemachten sachen, eingemachten sachn	MEK 238	eingemachtes/eingekochtes/ konserviertes Obst oder Gemüse
eingerierts	ain geriertes, eingeriertes, gerierhrtes, ein geriertes, eingeriehrts, eingeriehrte	MEK 54	Eingerührtes, Eierspeis, Rührei, Speise mit Eiern
einsieden	ain sieden	MEK 32	einsieden, einkochen, garen lassen
eisen		MEK 219	Eisen, Backform
Eiß	eiß, Eisß	MEK 108	Eis, Zuckerglasur, Zuckerguß
erstockhen		MEK 189	stocken, gerinnen, dickflüssig werden
erwarmen		MEK 135	erwärmen, warm machen
Estreicher wein		MEK 137	österreichischer Wein, meist ohne nähere Angaben
faimmben	faimben, Faimben, faimen, faimb, faimet, faimbt	MEK 65	der Schaum, schäumen, schaumig, auf der Oberfläche Schaum entwickeln
Faisten	faisten, faist, faumet	MEK 40	verschiedenste Fette, fettig, dick
farfl taig	Reibeteig	MEK 195	Spätzleteig
feigen		MEK 79	Feige, Frucht des Feigenbaums
ferchl	Forche, Furche	MEK 117	Forelle
ferndl		MEK 274	vermutlich verschrieben: rendl oder kendl
feuer	feyer, Feuer, Feyer	MEK 6	Feuer

Lemma	Schreibvariationen	Belegstelle	Bedeutung
fills	gefilt, Fillen, vfill, gefiltetn, gefilten, Fill, zu Fillen, Fille, fihl, füll, filß, Füll, Gefilte, zu fillen, gefilte, fill, vüll, Fihl, einfihlen, Fihls, fihls, zu Fihlen, Gefihlten, fille, vill, zuuillen, zum fillen, fühl, fihle, einfühlen, gefihlte, fihlen, gefihlt, gefihlten, Gefihlte	MEK 1	die Fülle, schütten, gießen, mit etwas vollmachen, anfüllen, mit einer Füllung versehen
fleischbrie	Fleisch suppen, fleisch Suppen, Fleisch prie, Fleischbrie, Fleischprie, Fleisch brie, Fleisch Suppen, fleischprie, fleisch supen, fleisch suppen, fleisch prie, fleisch Brie, fleisch Brieh, fleisch Briehe, fleisch brie, fleisch briehe	MEK 18	Bouillon, Fleischbrühe
Föder Wiltbräth	föder Wiltpräth, feder Wiltprädt	MEK 24	Federwildbret, genießbares Fleisch vom wilden Geflügel
Forellen	Furelln, Forelln, forellen	MEK 94	Forelle, räuberischer Lachsfisch
föst	vöst, fösst, vösst, fösste	MEK 2	die Stärke/Konsistenz, fest, heftig, mit hohem Kraftaufwand
fözl		MEK 212	Maul, Kopfteil von Schnecken oder Krebsen
Franzoschie	Franzosische, Französchie, Französchische, Französche	MEK 28	französisch
galander		MEK 77	Galgant
gall	gaall	MEK 60	Galle, Gallenblase
gätter		MEK 242	Gitter, aus parallel angeordneten oder gekreuzten Teigstücken, als Zierde für einen Kuchen
gebäthe	gebätte, gebäthes, Bäe, bätte, pätte, bätts, Pätte, bäte, bätes, bäthe, gebethe	MEK 19	bähen, in Scheiben geschnittenes Brot oder Gebäck leicht rösten
gebuzte	gepuzte, gebuzten, Butte, Butz, buz	MEK 33	säubern, von ungenießbaren Teilen befreien
gefethen		MEK 185	sieben, zerstäuben
germb	germ	MEK 5	Germ, Hefe
geschmach		MEK 83	Geschmack
Geselchte		MEK 27	selchen, räuchern, dörren, trocknen
gestossen	gestoßen, gestosne, stos, gestosßne, Stosß, stosßen, stoß, gestosen, Stoß, stossen, abstosen, zerstosen, grobgestosnen, gestoßne, stose, stosen, Stos, Stosßen, stosß, gestosßnen, gestosßene, Stosße, Stosse, Stoße, stosße, gestoßnen, zerstoß	MEK 7	stoßen, zerkleinern, mahlen

Lemma	Schreibvariationen	Belegstelle	Bedeutung
gewaickhte	waickhe, ein gewaikhte, gewaickht, waickh, eingewaickht, waiche, gewaicht, waickhs	MEK 11	einweichen, in Wasser, Milch o. Ä. legen
gewierfflet	gewirfflet, gewirflet	MEK 128	würfelig, würfelförmig, gewürfelt, kariert
gewierz	gewirrz, gewierzt, abgewierzt, gwierz, gewirz, gewirzt, gwirz, gewirze, gewirtzt, eingewirzt	MEK 9	Gewürz(e), würzen
gies	giesen, gieß, begies, begieß, begiesß, Begieß, giese, giesßen, giesse, giesß, giessen, aufgiesßen	MEK 2	gießen, begießen, aufgießen, darüber leeren
gilbs	gilben, gilbß, gilbe	MEK 32	gilben, Gelb einfärben
gluet	glueth, gluett, gluedt	MEK 10	Glut, Hitze der Glut
gluett pfan	gluet pfann, glueth pfann, gluetpfann	MEK 145	Glutpfanne, Gefäß mit Glut
gräden		MEK 104	Gräte, Knochen des Fisches
granadur		MEK 56	Grenadin, kleine gebratene Fleischschnitte
Gratinierts		MEK 120	gratinieren, überbacken bis eine braune Kruste entsteht
Griene Nusen	Nusen, nusßen	MEK 230	noch grüne unreife Walnuss
grienß	grüns, grienes	MEK 110	etwas, das die Farbe Grün aufweist, Kräuter, Gemüse
Grieß	grieß	MEK 271	Grieß, körnig gemahlenes geschältes Getreide
Grundlen	grundl	MEK 264	Grundel, Gründel, Fisch
gschärb		MEK 77	Sauce
guette Milch	guette milch	MEK 6	frische Milch, im Gegensatz zu saurer Milch
guettes Mehl	guettes mehl	MEK 5	fein ausgemahlenes Weizenmehl
gurgl		MEK 63	Gurgel, vorderer Teil des Halses, Kehle, Schlund
hackhs	zuhackhen, gehackhten, Hackhs, gehackhte, gehacht, hackhe, hackh, gehackht, Gehakht, hackhe, Hage, hagß, hage, Hackh, hagen, hags, khackhe, Hackhe, hackhen, gehäckht, gehackten	MEK 10	das Gehackte, das Zerkleinerte, hacken, zerkleinern, zerteilen, in Stücke schneiden/schlagen
hais	haisßen, haisen, haißen, haissen, haiß, heissen, heiß, haisße, heisßer, heisßen	MEK 4	heiß, große Hitze
handtuoll	handt voll, handt uoll	MEK 3	eine Handvoll
hänner Baindl	Baindl	MEK 248	Hendlhaxen, Hühnerkeule
Häring	häring	MEK 162	Hering, Speisefisch
Härnes	härnes	MEK 18	hären, aus Haar gefertigt, z.B. härenes Sieb
hasen	Hasen, Haßen, hassen	MEK 25	Hase

Lemma	Schreibvariationen	Belegstelle	Bedeutung
Haßl nuß gros		MEK 118	haselnussgroß, die Größe einer Haselnuss aufweisend
Hausßen		MEK 152	Hausen, großer Stör mit kurzer Schnauze
heisl	Heislen, haußl, heusßel, heißl	MEK 93	das Gehäuse von Weichtieren
Henig	henig	MEK 135	Honig
herdt		MEK 173	Herd, Feuerstelle
herzl	herz	MEK 282	Herz von Tieren, Strunk, stiel-, stängelähnlicher kurzer, dicker, fleischiger oder holziger Teil bestimmter Pflanzen
Hiener Piegl		MEK 33	Hühnerschlegel, Hühnerkeule, Hühnerhaxen
hirn		MEK 112	Hirn, Gehirn der Schlachttiere
hirsch gestiem		MEK 261	Hirschgeweih, spezielles Gebäck
Hobl schaitten		MEK 224	beim Hobeln von Holz entstehender Span, kleines Holzstück, hier: ein Mandelgebäck in Form eines Spans
Höchten	höchten	MEK 98	Hecht
höffen	höffn, haffen, häfflein, häfferl, häffrl, häferl, höferl, höfen, häfen	MEK 6	Hafen, großes, oft irdenes Gefäß, Schüssel, Topf
Holl auß	holl	MEK 146	aushöhlen, hohl
Holler		MEK 219	Holunder, Holunderblüte und -frucht
Holler hippen		MEK 285	Hohlhippe, dünne, gerollte Waffel
hollersalzen	holler salzen	MEK 24	Salz, welches aus der Asche der Hollerstaude gewonnen wird und eine abführende Wirkung aufweist
Hötscherbötsch	Hötscherbötschen	MEK 185	Hagebutte
iber brathe	yberprattes, yberbrathen	MEK 32	überbraten, anbraten
irdenen		MEK 193	irden, aus gebranntem Ton
Johannß Bierl	Johannß bierl, börl	MEK 229	Johannisbeere
Kaißer gersten		MEK 130	Speise aus Ei und (Mandel-) Milch
Kappri	khappri, Khäppry, Kappry, Khappry, Khäppri, Khappri, Khapry, Kapry	MEK 21	Kapern
Karpfen	khärpfen	MEK 153	Karpfen
Kellrabich	Kllrabich, khell Räbe, khellrebj	MEK 146	Kohlrabi
Khalbs Khopf	Kalbs Kopf, khalbs kopf	MEK 30	als Speise zubereiteter Kopf des geschlachteten Kalbes
Khändl	khändl, Kandl, kändl, Kändl	MEK 4	Kanne, Krug, ein altes, nach Zeit und Ort verschiedenes Hohlmaß, in Salzburg ca. 0,8 l
Khärdellen	Sardellen	MEK 74	im Rezept vermutlich: Kapern
Khärfioll	Caruoll	MEK 44	Karfiol, Blumenkohl
Khell	khell	MEK 167	Kohl, Gemüsepflanze
kher vmb	vmbkhert, khere vmb, khere umb, khers umb, khers vmb, umkheren	MEK 64	auf die andere Seite bzw. von unten nach oben kehren, drehen, wenden, von innen nach außen drehen

Lemma	Schreibvariationen	Belegstelle	Bedeutung
kherschen		MEK 43	Kirsche
Khiell	Kiell, khiehl, khiel, küel, khiell	MEK 1	kühl, ein wenig kalt, mehr kalt als warm
Khier		MEK 45	Kuh, Stücke von der Kuh
Khlaube	khlaubs, gekhlaubt	MEK 11	mit den Fingern ausklauben, aussortieren, auslesen
Khnödl	khnödl, khnödlen, Knödl, Knädl	MEK 52	Knödel, Kloß
Khnoflacht		MEK 48	Knoblauch
khoch löffel	Koch löffl, koch Löf, koch löfl, koch Löfl	MEK 130	Kochlöffel
Khölber	Khölberen, Khalb, Khölberne, Khölberes, Khalbfleisch, Khalb fleisch, khalbs, khalb Fleisch, Köllberne, khölbernes, kölbernes, kölberne, kälbernes, khölberne	MEK 28	kälbern, aus Kalbfleisch
Khölber Fiesß	Fieß, kölberne fieß	MEK 59	Kalbsfuß
khölberpriß	briß, khölbräß, Briß, Priß, Pris	MEK 46	Kalbsbries, Brustdrüse des Kalbes
khopen	khoppen, Khoppen	MEK 69	Koppen, Kapaun, kastrierter, gemästeter Hahn; siehe: Copaun
Khösten Nudl		MEK 208	Hefegebäck, Dampfnudel
khösterl		MEK 71	Kastenform, längliche rechteckige Backform mit hohen Seitenwänden
khranäböttpier	khranärbött bierl, khranaböth pierl, kranwotten	MEK 49	Wacholderbeere
Khranevött vögl	kraneweth vogl	MEK 49	Wacholderdrossel
Khreidl	kreyder	MEK 92	Kräuter, zum Teil getrocknete Gewürzpflanzen
Khrindl	khrindl	MEK 5	Kerben, Schnitte
Khuechen	Kuechen, kuechen, kiechl, Kiechl, Kuechl	MEK 7	Kuchen, Schmalzgebackenes
Kitten		MEK 181	Quitte
Klezen		MEK 144	Kletze, getrocknete Birne
Klopfs	Klops, khlopfe, khlopf, Khlopfs, khlopf ab, Klopfe, Klopfs ab	MEK 7	(ab-)klopfen, (ab-)schlagen, mixen, verquirlen, schaumig schlagen, plattieren, flach klopfen
Koch	Khoch, koch	MEK 18	Koch, Brei, Mus, Püree
Kräpfl	Khräpfl, Krapfen	MEK 1	Krapfen, kleines Stück Teig im Fett schwimmend gebacken, pikant oder süß gefüllt
Kraut	krauth, Khrauth, khrauth	MEK 14	Kraut, Kohl
Kren	kren	MEK 263	Meerrettich
Kreß	Kröß, Kräß, kreß	MEK 180	Beuschel, Gekröse, Eingeweide, aus Bindegewebe bestehendes Aufhängeband des Dünndarms
Kündts Koch		MEK 193	Kindskoch, Brei für Kinder
labertan		MEK 150	Laberdan, eingesalzener Kabeljau

Lemma	Schreibvariationen	Belegstelle	Bedeutung
lablechten	Lableth, Lablet, lablet, Lablete, Lablets	MEK 131	lauwarm, nicht richtig warm, aber auch nicht kalt
laibl	Laibl	MEK 17	Laib, rund oder oval geformte Masse
langlecht	Langlet, langlet, Langlete	MEK 14	länglich
las gehen	aufgegangenes, Laß gehen, laß gehen, Aufgegangene, Aufgegangenes, aufgehen	MEK 5	aufgegangener Kuchen/Pastete, aufgehen lassen, aufgehen eines Teiges, durch ein Triebmittel aufgetrieben werden
latwergen		MEK 264	Latwerge, Fruchtmus
Laubl		MEK 279	Laub, Blätter
Lauffen schen auf		MEK 1	schön aufgehen, aufgehen eines Teiges, durch ein Triebmittel aufgetrieben werden
Lax	laxen	MEK 98	Lachs, Raubfisch
leithere	leitere, leideren, leiteren	MEK 14	läutern, reinigen, klären, von Verunreinigungen befreien
lemany	Lemany, Lemani, Lemonj, Lemoni, lemoni	MEK 9	Limone, Zitrusfrucht
lemany Safft	lemany Saft, Lemany Safft, safft, Lemonj safft, Lemonj Saft, Lemonj Safft, Lemani saft, Lemoni Safft, lemoni safft, Lemoni safft	MEK 9	Fruchtsaft der Limonen oder Zitronen
Lemberes	Lemeres	MEK 38	lämmern, aus Lammfleisch
Lemerer Piegl	Lemere Piegl	MEK 35	Lammschlögel, Lammkeule
lener	lindt, len, Len, Lindt, Linden	MEK 3	lind, weich, leicht
leng		MEK 17	Länge
lezelten	Lebzahlten	MEK 95	Lebzelte, Honigkuchen, Lebkuchen
liecht	Liecht	MEK 6	licht, hell, von angenehm heller Farbe
Lingerl		MEK 180	Ragout aus Lunge und Herz
löber	löberl, Löberl, Löber	MEK 47	Leber, Organ
Löber Knädl	Löber Knödl	MEK 200	Leberknödel, Kloß aus gemahlener Leber mit Zwiebeln, Speck, Eiern und wenig Mehl
lög	löge, lögen, lögs, ligen, Lägs, gelögt, Lögs, Löge, Lög, leg, lege, legs, Leg, Legs, Lege, legs, ligt, legt, legen, lögs, liegen	MEK 2	legen, die Lage, Schicht
lorber plätl	lorberplätl, lorber, Lorber plätl, blätl lorber, lorberblätl, lorwer plätl	MEK 22	Lorbeerblatt
loth		MEK 3	Lot, ein altes, nach Zeit und Ort verschiedenes Gewichtsmaß, in Salzburg ca. 17,5 g
Lung Pratten	Brädl	MEK 40	Lungenbraten, Lendenbraten, Rinderfilet
Mach zury	mach zury, machs zury, mach zueri, machs zuerj, mahe zuri, zueri machen, zueri gemacht	MEK 111	zumachen, zurecht machen, zurichten

Lemma	Schreibvariationen	Belegstelle	Bedeutung
machs auf	Mach auf, mach auf	MEK 71	aufmachen, öffnen, um an den Inhalt zu gelangen, aufschneiden
Mägl	Magl, mägl	MEK 110	Magen, Verdauungsorgan
Mandl	mandl, Mandel, mandel, mandlen	MEK 2	Mandel
Manier	manier	MEK 20	Art, Weise
Maran	maran, margaran	MEK 73	Majoran
Marb	marb, Maren	MEK 27	mürbe, weich, zart, biegsam
March	march	MEK 10	Mark, Knochenmark, zu einem einheitlichen Brei verarbeitetes Fruchtfleisch
Maren daig	Maren Daig, maren taig, Maren taig, Maren torten	MEK 10	Mürbteig, für süße oder pikante Speisen
Marginiern	Marginierte	MEK 59	marinieren, einlegen
Mäsßl	Mässl, Maßl, Mäsl, Mösßl, mößl, Mößl, mössel, Mösßel, mösßl, Mössel, mösßel	MEK 6	Maß, ein altes, nach Zeit und Ort verschiedenes Hohlmaß, in Wien ca. 1,4 l
Maullpör safft		MEK 114	Saft der Maulbeere
Maullpyr	Maullpör	MEK 114	Maulbeere
Maurachen		MEK 44	Morchel, Speisepilz
Mell	mehl, Mehl, meell, Meell	MEK 1	Mehl
Merscher	Merser, märser, merßer, merser	MEK 54	Mörser, Gefäß zum Zerstoßen, Zerreiben
milch	Milch	MEK 5	Milch
milch siesße	siesse milch	MEK 173	frische, nicht sauer gewordene Milch
miterer hiz		MEK 2	mittlere Hitze
Modl	modl	MEK 2	Holzform mit eingekerbten Mustern, mit der Backwerk, Butter geformt wird
Mohcacener		MEK 251	Muskaziner, Mandelgebäck
mollen	molln	MEK 141	Schmolle, Krumme des Brotes
Mösßer	mösßer, mesßer	MEK 14	Messer
Muesig		MEK 2	dickflüssig, mus-, breiartig, breiig
Mueß	mueß	MEK 54	Mus, Brei, Koch, Auflauf
mundt mehl	mundmehl	MEK 240	Mundmehl, sehr fein ausgemahlenes Weizenmehl, besonders für die Herstellung von Semmeln
Murschl		MEK 55	Muschel
Muschgatten	Musgaten, Musgatt, Mußgäb:, Mußgätt, Muhcat	MEK 8	Produkt des Muskatbaumes, es kann die Blüte aber auch die Nuss gemeint sein
Mußcateller wein	Mußcat wein	MEK 114	Muskateller, Wein aus der Traubensorte Muskateller
Mußgatnus	Muhcat nuß	MEK 112	Muskatnuss, Samenkern der Muskatfrucht

Lemma	Schreibvariationen	Belegstelle	Bedeutung
Mußgetblie	Musgeblie, Mußgablie, Musgablie, Mußgatblie, Mußgatten blie, Mußaatplie, Musgatplie, Musgatblie, Musgaplie, Muhcat Blühe, Muhcat Blüehe, Muhcat nuß bliehe, Muhcat blieh, Muhcat bliehe, Muhcat blüehe, Muhcatbliehe	MEK 9	Muskatblüte, Samenhülle der Muskatfrucht
Nägl	nägl, Negel, Näglen, Nägerl	MEK 9	Gewürznelke
Nägl stupp	Näglstupp, nägl stupp, Nagl Stup, Nägl Stupp, Näglstup, nagl Stup, Negel Stupp, Nägerl Stupp, Nägl Stup, Nägerl stup, Nägerl stupp, Nägel stup, Nägerl Stup	MEK 12	Nelkenpulver, -puder; staubfein zerkleinerte Gewürznelken
Naß		MEK 2	nass, feucht
Nein Augen	Neün augen	MEK 72	Neunauge, Fisch
nöz	benezt	MEK 7	benetzen, anfeuchten, bestreuen, bedecken
Nözl	nözl	MEK 140	Netz, aus geknüpften Fäden oder Haut, das die Bauchhöhle auskleidet und an dem die Eingeweide befestigt sind
Nudl	Nudl, nudl	MEK 5	Teigware von verschiedenartiger Form, in schwimmendem Fett gebackenes Hefegebäck
oben glueth	oben gluet	MEK 59	Oberhitze
oblath	Oblath, oblat, Oblat, oblot, oblaten	MEK 1	Oblate
ofen	offen, Pachoffen, Bachoffen	MEK 9	Ofen
ögg		MEK 2	Ecke
öllig		MEK 2	ölig, fettig, schmierig
öndten	ändten	MEK 133	Ente
öpfl	opfl, öpfel	MEK 80	Apfel, Frucht des Apfelbaumes
oschen		MEK 282	Asche
oxen	Oxen	MEK 28	aus Ochsenfleisch
pachs	bach, zupachen, pachen, gebachen, pach, bachen, Pags, Pachen, Bachen, Pachgs, Packhs, pags, bache, Pachs, packhs, Gebachne, backhs, bags, gebachenen, Bache, bachs, Bach, Bachs, Gebachenen, gebachen, gebachnen	MEK 1	backen, durch Hitzeeinwirkung dörren, trocknen
Pafösen	Bafösßen, Bafäsen	MEK 54	Pafese, zwei zusammengelegte, mit Marmelade oder einer anderen Füllung bestrichene Weißbrotschnitten, die in Fett gebacken werden

Lemma	Schreibvariationen	Belegstelle	Bedeutung
Pämeränzen safft	Pomeränzen Safft, safft, Safft	MEK 118	Saft der Pomeranze
Pärmäßän khäß		MEK 84	Parmesan
Paßilium Khreitl		MEK 73	Basilikum
Pastötten	Bastetten	MEK 30	Pastete, süße oder pikante Speise, die in einer Hülle aus Teig gebacken oder in Terrinen o. Ä. serviert wird
Pauch		MEK 99	Bauch
Paumöll	Pamöll, Paumböll, Paumöhl, Paumböhl	MEK 25	Baumöl, Olivenöl
Pembßl		MEK 2	Pinsel
Pettersill	Pettersill Khreitl, Pettersill khreitl, Pettersill Khreidl, betersill	MEK 18	Petersilie
Pettersill wurzen	Petersill wurzl, Bettersill wirzl	MEK 18	Wurzel der Petersilie, auch als Knollenpetersilie oder Peterwurzen bekannt
Pfändl	Pfan, Pfandl, pfan, bfan, pfann, pfändl, pfannen, pfanen	MEK 1	Pfanne, flaches, zum Braten oder Backen auf dem Herd verwendetes Geschirr
Pfrilln		MEK 107	Pfrille, Elritze, kleiner Karpfenfisch
pfundt	Pfundt	MEK 2	Pfund, eines bestimmtes, nach Zeit und Ort verschiedenes Gewichtsmaß, ca. 560 g
Piegl		MEK 33	Schlegel, Keule, Schenkel
Piern	birn	MEK 12	Birne, Frucht des Birnbaums
Pinoli		MEK 274	Pinienkern
Pischl		MEK 42	Büschel, loses Bündel von etwas lang Gewachsenem
Pistäzi	Pihtazi	MEK 118	Pistazie
pläch	Plöch	MEK 9	Backblech
platlet	plätlet	MEK 27	blättrig, scheibenartig, fein, dünn
Plöcheren		MEK 80	blechern, aus Blech gefertigt
Plötter	Bletter, blätl, Blätl	MEK 97	Blatt, Pflanzenblatt
Pomädl		MEK 86	eingedickte Sauce, Pomade
pomeränzen	Pomeränzen	MEK 231	Orange, Pomeranze
pranft		MEK 1	Rand, Rinde, Kruste
präth	prädiges fleisch, Prätl, Präth, prädtl, brädt, bräth, Bräth, Brädt, präthig	MEK 30	Brät, prätig, mit Fleisch versehen

Lemma	Schreibvariationen	Belegstelle	Bedeutung
prats	gebrattnen, gebrathnes, gebrattne, zu Praten, bratten, Pratten, zu Pratten, Pratt, Bratten, Pratte, geprathnen, prath, zupraten, Brath, Praths, zue Pratten, zu Brathen, zu Prathen, prathen, gebratten, zuprathen, gebrathnen, gebrathne, gebrattnes, bradt, brätten, brat, zubratten, brath, Britte, brithe, brate, braten, brats, Brite	MEK 12	braten, rösten, backen
preglen	breglen, Breglen, Preglen, aufbreglen	MEK 2	braten, schmoren
pren ein	prene ein, bren ain, prenß Ein, einprenen, pren, bren ein, ein prenen, brene ein, prenn ein	MEK 6	Mehl mit Fett rösten, bräunen
Presöllen		MEK 138	Presolen: Kalbsbries oder (Fleisch-) Stücke mit Gewürzen oder Bröseln gebraten oder in der Pfanne mit Schmalz gebacken
Prie	brye, prie, brie, Briehe, Brüehe, Brie, Brieh, Brihe, briehe	MEK 22	Brühe, Bouillon, Suppe, Sauce, Flüssigkeit
Prigl khrapfen	Brigl Krapfen	MEK 108	Priegelkrapfen, Baumkuchen oder Stangenkuchen, in der Mitte hohler Kuchen, auf einer Holzwalze über dem Feuer horizontal beständig gedreht
Pröth	Prödt, bredt, brädt, Bräth	MEK 70	Brett, das als Unterlage beim Schneiden mit einem Messer dient
Putter	butter, putter, Butter	MEK 1	Butter
Putter daig	Butter taig	MEK 17	Butterteig, Mürbeteig, Blätterteig, der unter Verwendung von Butter hergestellt wird
Putter prie	Putter Suppen, butter sipl, putter prie, butter supen, Butter Suppen, Butter Brüehe, Butter suppen, butter briehe, butter suppen, Butter briehe	MEK 77	Butterbrühe, zerlassene Butter
Puzen	buzen	MEK 144	Butz, Kerngehäuse, Strunk
Rädl		MEK 13	mit dem Teigrad ausrädeln, Formen ausschneiden
Raibs	gerimbne, geribne, reibe, Reibe, reib, Reib	MEK 2	reiben, zerkleinern, klein stoßen, mahlen
Raif	raif	MEK 80	Reifen, Tortenring
Raifl	Raifal, Raiffal, Rayffal	MEK 23	Süßwein, Rebsorte Rivoglio (Istrien)
rain		MEK 37	rein, sauber, geputzt

Lemma	Schreibvariationen	Belegstelle	Bedeutung
Rämb	rämb, Rämbl	MEK 4	fettreicher Teil der Milch, auch als Rahm, Sahne, (Schlag-) Obers bezeichnet
Rämb supen		MEK 115	Rahmsuppe, mit Sahne/Rahm zubereitete Suppe
Rämbl	rämbl	MEK 195	Kruste, Hülle, äußere Schicht, Ummantelung
Regäll		MEK 55	hebräisch: ‚Bein'
Rehe Rugen		MEK 132	Rehrücken, Gericht aus dem Rückenstück eines Rehs
Rein	Rain, rein, Reindl, brathrein, reindl, Reindtl, reindtl	MEK 10	Reindl, weiter, niedriger Kochtopf in runder ovaler oder eckiger Form, Backpfanne, Bräter, Becken
Reisch	Reis, reisch	MEK 11	Reis
rendl		MEK 274	Rand, Linie, Markierung
Resch		MEK 153	resch, scharf gebacken, knusprig
Rest	Reste, gerest, Resten, rests, resten, Rests, gereste, reste, geresten, resste, rest, Gereste, ressten, zum Resten	MEK 23	rösten, braten, dörren, großer Hitze aussetzen, sodass es gar wird, eine braune Kruste bekommt, knusprig wird
Richts	richte, richs, richts, annricht, anrichten, Richts an, anrichtten, richt an, richts an, anrichtes, Richte, Richte an, anrichts, angericht, richten, richte an, zue richten, gericht, Richt, darauf richten, richt	MEK 1	anrichten, richte es an, draufgeben, befüllen
Riebers		MEK 76	Ribes, Ribesarten, Ribisel, Johannisbeere
Rier	rieren, Riers, Riers ab, geriert, rier, riehr, Riehr, riehr ab, riers ab, riers, rierß, abgeriert, riehrs, abriehren, abrihren, riehre, riehren, riehrs herab, rihrs, eingeriehrte, rihr, umbrihren, abgeriehrte, rihre, abgerihrtm, rihrn, geriehrt	MEK 1	rühren, vermengen, unterheben, mixen
Rindtsupen	Rindt suppen, Rindtsuppen, Rindt Suppen, Rindt supen	MEK 18	Bouillon, durch Auskochen von Fleisch, Knochen und Suppengemüse gewonnene Fleischbrühe
Ring		MEK 2	leicht an Gewicht, weich bzw. zähflüssig
ring		MEK 175	Ring, Tortenring, Tortenreif, Teil einer Backform
Ringem	rinten	MEK 18	vermutlich: Rinde, Kruste
Rippen		MEK 19	Rippe, schmaler, gebogener Knochen
Röb hiendl		MEK 19	Rebhuhn
roches		MEK 258	roh, nicht gegart, nicht verarbeitet
rockhenes mehl		MEK 278	Roggenmehl

Lemma	Schreibvariationen	Belegstelle	Bedeutung
Rockhes brott		MEK 24	Roggenbrot, Brot aus Roggenmehl
rogers brodt bresl	Rogers brodt presl	MEK 124	Brösel, Krümel vom Roggenbrot
Rosenwaser	rosen waßer, rosenwaßer	MEK 75	Rosenwasser, bei der Gewinnung des Rosenöls anfallendes Wasser
Rosmarin	Rossmarin, Rosßmarin, rosßmarin, rosmarin, Rosenmarin, rosenmarin, Roßenmarin, rosen marin	MEK 18	Rosmarin
Rosoli		MEK 241	Rosolio, italienischer Likör aus Blüten und Früchten
roßinen	Rosinen	MEK 184	Rosine, süß schmeckende getrocknete Weinbeere
Rost	rost, rosst	MEK 28	Rost, Bratrost, Feuerrost, Grill
Rothe raner Ruemb		MEK 77	Rauner, rote Rübe
Rothen khrebs Putter	krebs butter, Kreps Butter, Kreps butter, kreps Butter, Krebs butter, krepsbutter	MEK 67	Krebsbutter, mit zerstoßenen roten Krebsschalen eingefärbte Butter
Rothen zuger Rosath	zugger Rosath, Rosen zuckher	MEK 81	Rosenzucker, hergestellt aus Zucker und Rosensaft
Rugen		MEK 70	Rücken, obere Seite des Rumpfes bei Tieren
Rumbl		MEK 92	Fischart
Rundt Fisch		MEK 102	Rundfisch, Stockfisch
Rutten	rutten	MEK 160	Rutte, im Süßwasser lebender Raubfisch
säe		MEK 6	streuen, sieben
Saffran	saffran	MEK 30	Safran
Salfelplätl	salfel	MEK 70	Blatt des Salbeis
Sauren Milch Rämb	sauren Rämb, Sauren Rämb, Sauren Milchrämb	MEK 29	Sauerrahm, Crème fraîche
saures khrauth		MEK 104	Sauerkraut
schabe		MEK 181	schaben, reiben, scheuern, reinigen
Schäfferne		MEK 41	aus Schaffleisch
schallen		MEK 14	Schale, Schüssel, Geschirr
schallen		MEK 116	Schale von Weichtieren, Gehäuse
scheiblig		MEK 77	scheibig, scheibenförmig, in Scheiben geschnitten
scheider hauffen		MEK 266	Scheiterhaufen, Armer Ritter, Süßspeise
schenes Mell	schenes Mehl, schenen Mehl, schenes mehl, schens mehl	MEK 1	fein ausgemahlenes Weizenmehl
scher		MEK 14	scheren, schaben, reiben, kratzen
scherl		MEK 229	Schere, Werkzeug zum Schneiden
schieppes	Schiepp, schieppe, schiepe, schiepp	MEK 71	schuppen, von den Schuppen befreien
Schildt Khrotten	Schilt Khrotten	MEK 99	Schildkröte

Lemma	Schreibvariationen	Belegstelle	Bedeutung
schisßel	schisl, schisßl, schissl, Schisl, schißl, Schißl, schißel, schüsßl, schüsßel, Schisßl, schüssel, schüßl, Schüsßel, Schisßel, schissel	MEK 1	Schüssel
Schisßel Dorthen	Schisßel dorten	MEK 13	in einer niedrigen Form gebackene Speise
schitt	schits, schitte, schitts, schite, Schits, schidte, schidts, schüts	MEK 2	schütten, hineingießen
schlage ab	schlag ab, zerschlags ab, schlags ab	MEK 61	abschlagen, steif/schaumig schlagen, mixen
schlag darein	schlage darein, schlage ein, ein schlagen, ein zuschlagen, schlag ein, ein zu schlagen, schlags	MEK 6	einschlagen, umwickeln, einwickeln, bedecken, umhüllen
schlags durch		MEK 18	durchschlagen, durch einen Durchschlag pressen, streichen, sieben, passieren, filtern
schleimb ab		MEK 95	entschleimen, von Schleim befreien, ausschleimen
Schlögl	schlögl	MEK 29	Hinterkeule von Schlachttieren, Geflügel, Wild
Schlögl		MEK 77	Werkzeug zum Schlagen, Fleischklopfer
Schmalz	schmalz, Schnalz, schmaly	MEK 4	eine weiche, streichbare Masse, ausgelassenes tierisches Fett
Schmaren	schmarn, schmaren	MEK 15	Schmarren, eine Art Eierkuchen, aus Mehl, Semmel, Grieß, Reis mit Milch, Eiern, Salz oder Zucker bereitet
schmierb	schmirbs, schmierbe, schmire, schmirbe, schmirb, einschmirben, schmirbes, geschmirbten	MEK 2	einschmieren, einfetten, einölen
schmöckhente		MEK 141	wohl schmeckend, gut riechend
Schne ballen		MEK 261	Schneeball, spezielles Gebäck
Schnegen	schneggen, Schneggen, Schneckhen, Sneckhen, schneckhen	MEK 93	Schnecke

Lemma	Schreibvariationen	Belegstelle	Bedeutung
schneit	schneith, schneyde, schneyte, schneite, geschnitnen, schneiths, geschnitne, geschnitten, schneide, schneiten, aufschniten, geschniten, schneits, zerschneits, schneyden, schneiden, schnaidts, schneidte, geschnidtne, schneydt, zerschneith, zerschnitnen, Schneidt, schneidt, Schneide, schneidts, geschnittene, geschnittne, Schneitte, schneitt, Geschnittne, zerschneiden, schneidest	MEK 5	schneiden
Schnepfen	schnepfen	MEK 65	Schnepfe, Vogelart
schnidtn		MEK 215	Schnitte, Kuchen
schnitl	schniten, schnidl, semmelschnidl	MEK 86	Schnitte, abgeschnittene Scheibe
schnizl	schniz	MEK 13	ab-, ausgeschnittenes, abgerissenes kleines Stückchen
schöllen	schöllel, Schöllen, Söllen, schallen, schällen, schölln	MEK 9	Schalen vom Obst und Gemüse, wie etwa Zitronen-, Orangen- oder Erbsenschalen
Schöls	schölls, schöls, schöll, schöllen, Schölle, geschöllet, geschölten, außgeschelte, scholß, schölß	MEK 12	schälen, häuten, die Haut ablösen, pellen
schöpf löffel		MEK 4	Schöpflöffel, Suppenkelle
schöpfen		MEK 228	durch Schöpfen herausholen, herausschöpfen
schöttl	schödl, schädl, Schädl, Schödl	MEK 131	Schotten, Quark, Topfen
Schunckhen		MEK 31	Schinken, Hinterkeule eines Schlachttieres
Schüsßel Koch		MEK 194	Schüsselkoch, eine Art Milchspeise, welche in der Schüssel in einem Ofen gebacken wird
schwaib		MEK 2	schwemmen, spülen, mit Wasser säubern
schwaifl	Schwaifl, Schwaif, schwaif, schwaiffl, Krepschwaifl	MEK 46	Schwanz, Schweif
schwänz		MEK 268	Schwanz, Schweif
schwarß		MEK 77	beschweren, mit etwas Schwerem belasten
schweineren		MEK 68	aus Schweinefleisch bestehend, mit Schweinefleisch zubereitet
schwöll		MEK 253	quellen, sich durch Aufnahme von Feuchtigkeit von innen heraus ausdehnen
Seibling		MEK 94	Saibling

Lemma	Schreibvariationen	Belegstelle	Bedeutung
seich	seiche, Seich, seich ab, Seichs durch, seich durch, seichen, abseichen, abseicht, seichs durch	MEK 18	(durch-)seihen, filtern, sieben, passieren
Sembl	sembl, Semmel, Semmbl, Remmbl, semmbl, seml, senbl, Semmell, semmel, Semel, ßemmel	MEK 7	Semmel, Brötchen
Semmbl presl	Semblprosen, Semmbl braßen, Sembl prosen, semmbl presl, sembl prosen, Semmbl Broßen, Semmbl Prosn, Semblpresl, semblprosen, Semmbl Prosen, Semmbl Presl, sembl prosn, sembl presl, presl, semblpresl, Sembl preßl, Sembl presl, preslen, seml presl, senbl presl, Semmel Breßl, semmel Breßl, semmel Bresßel, Semmell Bresßel, Semmel Breßel, semmel breßl, seml Breßl, semmel breßel, semmel Bresl, Breßl, semmel Breßl, semmel bresl, ßemmel Breßl	MEK 27	Semmelbrösel
seydten	seithen, seiden	MEK 1	Seite, Richtung
seyre		MEK 124	säuern, durch Zusatz von Essig oder Zitronensaft sauer machen
sib	Sib	MEK 12	Sieb, Reiter, Seiher, Filter, Durchschlag
Sieden	sieden, siede, gesothenen, gesothnen, gesothne, gesodens, siets, gesodnen, gesodne, siedentes, zu Sieden, siedts, gesoden, siedenten, gesodnes, gesondnes, gesoden, siedten, gesothen, gesodten, Siedte, gesodtne, siedte, Siede, siedt, gesotten, gesoten, siedn, Siedt, siediges, siedent, abgesotten, gesotne, gesottene, siedt	MEK 1	sieden
Siesen Rämb	siesen Rämb, siesßen Rämb, siesßen rämb, siessen Rämb, siessen rämb, guetten milch rämb	MEK 18	fettreicher Teil der Milch, Rahm, Sahne, (Schlag-) Obers, nicht gesäuert
Spältlen	spalten	MEK 80	Spalte, Stück, Teil
spann Sau		MEK 189	Spansau, Spanferkel
spern taig		MEK 175	Mürbteig

Lemma	Schreibvariationen	Belegstelle	Bedeutung
spickh	spickhs, spickhe	MEK 64	etwas an Spicknadeln Angebrachtes, besonders Speckstreifen, in Fleisch vor dem Braten einstechen
Spinadt	spinadt, spinädl, spinath, Spinath, Spinäth, spinäth	MEK 61	Spinat, Gemüse
spög	Spöckh, spöckh	MEK 18	Speck
spridls ab	sprigls ab, sprigl, spridls, spriedls ab, spridl, spridl ab, sprigle ab, sprigle, Sprigle ab, abgespriglete	MEK 2	quirlen, verrühren, mixen, schaumig schlagen
stängl	stingl, Sting, Stingl	MEK 117	Stängel
stickhl	Stückhl, Stuckh, stuckh, Stickhl, stückhl, Stigl, stigl, Stuckhen	MEK 11	Stück, Teil, unbestimmte Menge
Stockhfisch	Stock Fisch	MEK 102	Stockfisch
Störckh	Stärckh	MEK 8	Speisestärke, Stärkemehl, aus verschiedenen Pflanzen gewonnen
sträe	sträs, Sträe, besträß, besträhe, strähe, Strä, besträhs, besträe, Strähe, pesträhe, besträs, Besträhs, strähs, Besträhe, besträh, strehe, Strehe	MEK 10	bestreuen, streuend mit etwas versehen
strauben	Strauben, Straumb	MEK 2	Straube, aus Hefe- oder Brandteig hergestelltes Schmalzgebäck mit unregelmäßiger, teils gezackter Oberfläche
Strizl		MEK 167	Striezel, längliches, meist geflochtenes Gebäck; hier: Zusammengerolltes mit Füllung
Strudl	Strudel	MEK 61	Strudel, Teigrolle, pikant oder süß, Zusammengerolltes
stupp	Stupp, stup, Stup, Stups	MEK 3	Staub, Puder, Pulver, stuppen, bestreuen, einpudern
Subtill		MEK 3	fein, dünn, zart
sulzen	Gesulzte	MEK 185	Sülze, Aspik, in Aspik bestehende Speise, sülzen
Sutt	Suth, Sudt, sidl, Sidl, sudt	MEK 76	Sud, Flüssigkeit, in der etwas gekocht, gebraten wird
thaill	thail	MEK 7	Teil, Stück, Menge
unten gluet	unten glueth, vnten gluet	MEK 165	Unterhitze
verfaimben	verfaimbt, verfeimt	MEK 39	zu schäumen/perlen aufhören
versiedet		MEK 160	reduzieren, die Flüssigkeit verkochen lassen
viertung	virdtung, fiertung, firtung, virtung	MEK 14	ein Viertel, vierter Teil eines Pfundes
vndergreift	vndtergreifs, vndergreif, vnd ergreifs	MEK 37	zwischen Knochen und Fleisch eine Tasche schneiden
waide auß		MEK 262	ausweiden, einem geschlachteten, erlegten Tier die Eingeweide entnehmen
waizenes mehl		MEK 278	Weizenmehl

Lemma	Schreibvariationen	Belegstelle	Bedeutung
walge auß	walge, wölge auß, wölg auß, walg, walgs	MEK 173	walgen, glatt rollen, ausrollen
Walger	walger	MEK 223	Nudelholz, Nudelwalker
Waller	waller	MEK 95	Waller, Wels, großer Süßwasserfisch
waller		MEK 265	Wallung, Sud, aufkochen lassen
warmb	warmben, warmer, warmmes, warmen, warm, warmes	MEK 5	warm, mollig, mild
Waßere	wäßere, gewäsert, weßere, gewäßeret	MEK 27	wässern, für eine Zeit in Wasser einlegen
Websen Nösst		MEK 279	Wespennest, Gebackenes aus Mehl, Eiern, Milch und Butter
weill		MEK 2	unbestimmter Zeitangabe
weinbierl	weinpirl, weinpierl, Weinpierl, wein pierl, Weinperl, Weinbierl, Weinberl, weinnBerl	MEK 1	Weinbeere, Beerenfrucht der Weinrebe
weisßen wax		MEK 226	weißes, ausgebleichtes Bienenwachs
weitling		MEK 285	Weidling, große Schüssel
Weixl	Weixlen, weixlen, weixl, weixel	MEK 43	Weichsel, Sauerkirsche
Welsche		MEK 27	welsch, romanisch (italienisch)
wenerische		MEK 134	wienerisch
wierstl	Wierst, wirstl, Würstel	MEK 55	Würstel, in Därme gefüllte Masse
Wiltprath	Wiltpräth, wiltpradt, Wiltprädt, Wiltprätt, wiltprädt, Wilt brädt, Wildtpräth, Wiltprödt, wilt präth, wiltpräth	MEK 22	Wildbret, genießbares Fleisch vom Wild
Wiltprie		MEK 23	Bouillon, durch Auskochen von Wildfleisch gewonnen
wög aus	wölg, wege, wöge	MEK 17	auswiegen, abwiegen
woll		MEK 1	wohl, gut, ausreichend
wuzl		MEK 17	wuzeln, drehen, wickeln, ausrollen
yber siede	ybersiede, Ybersiede, ybersodnen, Yber siede, ybersieds, ybersiedenlaßen, yber sieden	MEK 12	übersieden, blanchieren, aufkochen lassen
ymber	ymmer, Imber, Immer	MEK 24	Ingwer, scharf schmeckendes Gewürz
zäch	zähe	MEK 2	zäh, ausdauernd, beharrlich
zärdellen		MEK 53	Sardelle, kleiner, dem Hering verwandter Fisch, der als Speisefisch gepökelt oder mariniert gegessen wird
zergeh	zergehet	MEK 2	zerlassen, schmelzen, durch Hitze verflüssigen
Ziech auß	abziehen, abgzogne, Ziehe ab, abgezogen, ziech ab, ziehe ab, abgezogne, ziechs herab, zieche, ziechs her ab, zieh ab, zieche ab, abgezogene, Zieche ab, ziechs ab	MEK 2	die Haut abziehen, von etwas herab lösen

Lemma	Schreibvariationen	Belegstelle	Bedeutung
ziehr	zirdt	MEK 9	Zierde, Deko, verzieren, dekorieren, garnieren, ausgestalten
zimet Rindten		MEK 123	Zimtrinde, Rinde des Zimtbaumes
zimmet	zimet, Zimmet	MEK 3	Zimt
zimmet waßer		MEK 118	Zimtwasser
zimmet stupp	zimmet Stupp, zimmet Stup, zimmetstupp	MEK 3	Zimtpulver, -puder
ziterany	zitrany	MEK 79	Zitrone, Zitronatzitrone
ziwöben	ziböben, ziweben, zibewen	MEK 13	Zibebe, große getrocknete Weinbeere
zuger	zuggers, zugar, zugger, Zugger, zuckher, zuckhers, Zuckher, zuckhere	MEK 2	Zucker, zuckern, mit Zucker bestreuen
zusamben Blätlen		MEK 106	zusammenlegen/-falten
zweill		MEK 18	Zweig, Trieb
zwifl		MEK 18	Zwiebel
zwöspen		MEK 203	Zwetschken, eine Pflaumenart

Register

Nr.	Originaltitel	Moderner Titel
1.	*Schenes oblath Kräpfl zumachen*	Gefüllte Oblaten im Teigmantel
2.	*Mandl dorthen*	Mandelkuchen
3.	*zimmet dordten*	Zimtkuchen
4.	*Rämb Strauben*	Rahmstrauben
5.	*Dopfen Nudl zu machen*	Krapfen
6.	*Strauben zupachen*	Strauben
7.	*Mandl Khuechen*	Mandelkuchen
8.	*Muschgatten Dorden*	Muskatkuchen
9.	*Linnzer Dorthen*	Linzertorte
10.	*Ein March Dorthen*	Markpastete
11.	*Reisch Dorten zu Machen*	Mandel-Milchreis Auflauf
12.	*Schwarzen dorthen zumachen*	Birnenkuchen
13.	*Schisßel Dorthen zumachen*	Teigtaschen mit Rosinen
14.	*Ein Mandl Kraut zu Machen*	Mandelmakronen
15.	*Mandl Schmaren*	Mandelmakronen auf Oblaten
16.	*Den Maren Daig*	Mürbteig
17.	*Den Putter daig zumachen*	Blätterteig
18.	*Lemani Koch zumachen*	Pikante Zitronensauce
19.	*Ein Weisß gestosßne Suppen zumachen*	Mandel-Rindssuppe
20.	*Auf ein andere Manier*	Französische Mandel-Rindssuppe
21.	*Ein Kappri Suppen*	Kapernsuppe/-sauce
22.	*Ein andere Prie mit öell*	Fleischsauce
23.	*Ein Prie yber Schwarzes Wiltpräth*	Wildbretsauce
24.	*Ein Schwarze Prie yber anden oder Föder Wiltbräth*	Sauce zu Wildgeflügel
25.	*Ein andere guette Prie yber einen hasen oder Wiltpräth*	Wildbretsauce
26.	*Ein Mandl Suppen zu Machen*	Mandelsauce
27.	*Geselchte zungen auf Welsche Manier*	Geräucherte Zunge auf welsche Art
28.	*Frisch gebrattne zungen auf Franz= / =oschie Manier zu Kochen*	Gebratene Kalbszunge
29.	*Einen Khölberen Schlögl zu Khochen*	Marinierter Kalbsbraten
30.	*Ein außgelesten Khalbs Khopf zu Kochen*	Kalbskopf
31.	*Geselchte Schwein Schunckhen guett zuerichten*	Gebackener Schweineschinken

Nr.	Originaltitel	Moderner Titel
32.	*Ein Khapaun oder föder Wiltpräth zu khochen, gedempft oder ein zumachen*	Gekochtes Federwildbret
33.	*Hiener Piegl Ein zumachen*	Gesottenes Huhn
34.	*Ein Stuckh Rindt fleisch zu Praten*	Mariniertes Rindfleisch im Papier
35.	*Lemerer Piegl einzumachen*	Lammkeule
36.	*Eingemachte Hiener oder Copaun*	Gesottenes Huhn oder Kapaun
37.	*Junge Hiener gefilt, vnd in gewierzt, ein zumachen*	Gefülltes Huhn
38.	*Khalb Fleisch oder Lemberes ein zumachen*	Gesottenes Kalbs- oder Lammfleisch
39.	*Hiener auf andere Maniere ein zumachen*	Gesottenes Huhn mit Endiviengarnitur
40.	*Ein Lung Pratten zu khochen*	Lendenbraten
41.	*Schäfferne oder Khölberne Schlögl zu Khochen*	Gesottene Schafs- oder Kalbskeule
42.	*Franzosische Hiener*	Huhn in Wein gegart
43.	*Hiener in schwarze Prie ein zumachen*	Huhn in Weichselsauce
44.	*Hienner in Putter Pastötten Einzumachen*	Hühnerpastete
45.	*Khier zungen guett zumachen vnd zuezuerichten*	Geschmorte Rinderzunge
46.	*Guett gefiltetn Copaun zumachen*	Kapaun mit Morchel-Krebsfüllung
47.	*Hiener zu Pratten vnd zu Fillen*	Gefülltes Brathuhn
48.	*Hienndl oder Lemeres Fleisch ein zumachen*	Hühner- oder Lammgeschnetzeltes
49.	*Khranevött vögl guett zu Bratten*	Gefüllte Wacholderdrossel
50.	*Ein Lemberes oder Khölberes Fleisch einzumachen*	Geschmorter Lamm- oder Kalbsbraten
51.	*Hintere Lemere Piegl guett zue zurichten*	Lammkeule am Spieß
52.	*Fleisch Khnödl zumachen*	Kalbfleischknödel
53.	*Ein gehacht in ain Pastötten zumachen*	Farce für Kalbfleischpastete
54.	*Ein Nieren Khoch zumachen*	Nierenpafesen
55.	*Regäll gehacht, zumachen*	Kalbfleischfarce
56.	*Niern gehackht Präth*	Nierenfarce
57.	*Gehakht in Ein Khleine Pastötten zumachen*	Farce für Fleischpastete
58.	*Copaun Wierst zumachen*	Gefüllter Kapaun
59.	*Khölber Fiesß zu Marginiern*	Geschmorte Kalbsfüße
60.	*Ein guette Füll von Khrebsen*	Krebspastete
61.	*Ein Spinadt Strudl zumachen*	Spinatstrudel
62.	*Dardofellen zu Khochen*	Trüffel in Rotweinsauce
63.	*Gefilte Hiener einzumachen*	Brathuhn
64.	*Ein Khölberen Schlögl auf Franzosische Manier zu khochen*	Kalbskeule auf französische Art

Nr.	Originaltitel	Moderner Titel
65.	*Schnepfenauf Französchie Manier zupraten*	Schnepfen auf französische Art
66.	*Hiendl zu Praten vnd zu fillen*	Gebratenes Mandelhuhn
67.	*Mitt Khrebs gefilte Hiener, zu Sieden in der Suppen zu geben, oder zue Pratten*	Huhn mit Krebsfüllung
68.	*Griene Arbeß in Schöllen zu Khochen fir ein krauth*	Gekochte Erbsen
69.	*khopen auf Welsche Manier zu khochen*	Kapaun auf welsche Art
70.	*Ein Allfisch zu Pratten*	Gebratener Aal
71.	*Aschen in Putter zu Khochen*	Äsche in Erbsensauce
72.	*Nein Augen zu Kochen*	Neunaugen in Erbsensauce
73.	*Rindtfleisch in ain Pastötten ein zuschlagen*	Rindfleischpastete
74.	*Pollnisch Rindtfleisch*	Tafelspitz auf polnische Art
75.	*Ein spöckh dorthen zumachen*	Speckpastete
76.	*Eingemachte Riebers yber ein Frisch / gesodnes Rindt fleisch*	Ribisel/Johannisbeer-Sauce
77.	*Zungen zu Paißen*	Gebeizte Zunge
78.	*Zung in ein Pastötten zumachen*	Zungenpastete
79.	*Ein andere guette Fihl in ain dorthen*	Rosinen-Mandelkuchen
80.	*Ein guette öpfl Fihl zumachen*	Äpfel im Blätterteig
81.	*Ein andere guette Fihl*	Mandelkuchenfüllung
82.	*Ein guette Fihl von Weixlen*	Weichselkuchen
83.	*Geselchte zungen zu Khochen*	Geselchte Zunge
84.	*Frisch gesondnes Rindt fleisch guett zumachen*	Gratinierter Tafelspitz
85.	*Hiendl Mitt Mandl zu Fihlen vnd zu Brathen*	Mandelhuhn
86.	*Ein Pomädl zu machen*	Gebundene Fleischsauce
87.	*Ein anderes spinädl zumachen*	Cremespinat
88.	*Spinadt Strudl zumachen*	Spinatstrudel
89.	*Die Schnepfen auf Französchische Manier zu Prathen*	Schnepfen auf französische Art
90.	*Ein Haßen in ein Pastötten ein zu schlagen*	Hasenpastete
91.	*Auf ein andere Manier*	Hase in Kapernsauce
92.	*Einen Rumbl zu Khochen*	Fisch mit Kräuterkruste
93.	*Schnegen ein zu Machen*	Schnecken in Erbsensauce
94.	*Forellen oder Seibling in Roßmarin Suppen ein zumachen*	Forelle oder Saibling in Rosmarinsauce
95.	*Einen Waller zu Khochen*	Gekochter Waller
96.	*Ein Waller Schwaif zu Khochen*	Gegrillter Wallerschwanz
97.	*Forellen zu Sieden*	Forelle blau

Nr.	Originaltitel	Moderner Titel
98.	*Frische Lax oder Höchten zu Khochen*	Lachs oder Hecht in Weißweinsauce
99.	*Schildt Khrotten zu Khochen*	Geschmorte Schildkröte
100.	*Schnegen ein zumachen*	Schnecken in Erbsensauce
101.	*Schneggen in den Heislen zuprathen*	Schnecken im Gehäuse gegrillt
102.	*Ein gefilten Stockhfisch zumachen*	Stockfischfarce
103.	*Wierst an einen Fastag*	Hechtfarce
104.	*Ein guettes Höchten Khrauth zumachen*	Hecht mit Sauerkraut
105.	*Marginierte Forellen zu khohen*	Gebeizte Forelle
106.	*Ein guetter Khrebbßen Mueß*	Krebsmus
107.	*Pfrilln in Putter Suppen*	Pfrillen in Wein-Buttersauce
108.	*Guette Prigl khrapfen zumachen*	Baumkuchen
109.	*Ein guette Suppen yber ein Wiltprath*	Wildbret in Wacholdersauce
110.	*Ein guette Rindt supen zumachen*	Leberwurstschnitte in Rindssuppe
111.	*Ein guette hener supen zumachen*	Hühnersuppe
112.	*Ein guette hirn supen zumachen*	Suppe mit Hirneinlage
113.	*Die wein supen zumachen*	Weinsuppe mit Einlage
114.	*Die Maullpyr supen zu machen*	Maulbeersauce
115.	*Die Rämb supen zumachen*	Rahmsauce
116.	*Ein khrebs supen zumachen*	Krebssauce
117.	*Ein guette fasten supen zumachen*	Forellensuppe
118.	*Die Pistäzi Supen zumachen*	Pistaziensuppe
119.	*Ein guette fasten supen zumachen*	Fastensuppe
120.	*Gratinierts Sipl zumachen*	Wacholderdrosselsuppe
121.	*Die dotter Supen zu machen*	Eintropfsuppe
122.	*Die Mandl supen zumachen*	Mandelsuppe
123.	*Ein Supen yber Hendl zumachen*	Geschmortes Huhn
124.	*Ein Supen yber ein schwarz wiltpradt*	Wacholdersauce
125.	*Ein andter Wiltprätt supen zumachen*	Wildbretsauce
126.	*Wilt brädt supen zumachen*	Weichselsauce
127.	*Ein supen yber daß feder Wiltprädt*	Sauce zu Wildgeflügel
128.	*Ein supen yber die Reh schlögl*	Apfelsauce
129.	*Ein guette Suppen yber ein zung zumachen*	Rosinen-Mandelsauce
130.	*Die Kaißer gersten zumachen*	Eintropfsuppe
131.	*Die gemischte speiß zumachen*	Gefülltes Huhn mit Knödelvariationen
132.	*Ein Rehe Rugen auf ein Mahlzeit*	Gespickter Rehrücken
133.	*Die khleine öndten oder Dauben in ein Pastötten zumachen*	Entenpastete
134.	*Ein Kalbs Kopf auf die wenerische manier zurichten*	Kalbskopf auf Wiener Art

Nr.	Originaltitel	Moderner Titel
135.	*Den grienen oder gesalznen biberschwaif zumachen*	Geschmorter Biberschweif
136.	*Die gebrattne hirschen löber*	Gebratene Hirschleber
137.	*Ein khöstliche Supen yber Jedes Wiltprödt zumachen*	Wildbretsauce
138.	*wie Man die Presöllen maht*	Kalbsbries
139.	*Die Spanische lungl zu machen*	Lunge auf spanische Art
140.	*Briß wirstl zumachen*	Brieswürste
141.	*Hendl mit Krebsen zuuillen*	Huhn mit Krebsfüllung
142.	*Gebachne hendl zumachen*	Backhendl
143.	*Ein guettes Pris zumachen*	Gesottenes Bries
144.	*Die Köllberne birn zu machen*	Falsche Birne
145.	*Die Artischöckhen zu richten*	Artischocken in Buttersauce
146.	*Die gefilte Kellrabich zumachen*	Gefüllter Kohlrabi
147.	*Wie man die Eill fish Richt*	Marinierte Aalfilets
148.	*Höchten an einen spiß zubratten*	Hechtfilets am Spieß
149.	*Welsche Angiloti zumachen*	Aal auf italienische Art
150.	*Den labertan zu richten*	Gedünsteter Kabeljau
151.	*Ein laxen zu richten*	Lachsfilet
152.	*Ein Hausßen zu machen*	Hausen in Buttersauce
153.	*Die Französche Karpfen zumahen*	Karpfen auf französische Art
154.	*Den Karpfen in schwarze prie zumachen*	Karpfen in schwarzer Sauce
155.	*Höchten in einer lemany brie, wie auch forellen zurichten*	Hecht in Zitronensauce
156.	*Höchten In Ein Rosenmarin*	Hecht in Rosmarinsauce
157.	*Höchten In Einer grienen Brüehe*	Hecht in Erbsen-Pistaziensauce
158.	*Höchten In Einer Weißen Brüehe*	Hecht in Buttersauce
159.	*Höchten auf Ein Schißl*	Hecht in Rahmsauce
160.	*Rutten In Einer Butter Suppen Wie auch forellen und äschen zu machen*	Rutte in Erbsen-Petersilienwurzelsauce
161.	*Rutten In Einer Gemeinen Butter Brüehe zu machen*	Rutte in Buttersauce
162.	*Häring In Einer Brüehe zumachen*	Gebratener Hering
163.	*Den gebachenen Stockhfisch zu machen*	Stockfisch in Buttersauce
164.	*Ein Ayr schmalz von Nieren zu machen*	Nierenomelette
165.	*Kreps ayr schmalz zu machen*	Omelette mit Krebsbutter
166.	*Schisßl ayr schmalz zumachen*	Eierspeise/Rührei
167.	*Ayr Strizl zu machen*	Gefüllte Palatschinken
168.	*Khell Strizl zu machen*	Kohlrouladen
169.	*Spinath Strizl zu machen*	Spinatrouladen
170.	*Zimmet Strizl zu machen*	Zimtkaramell

Nr.	Originaltitel	Moderner Titel
171.	*Kreps Strizl zumachen*	Krebs-Palatschinke
172.	*Ein Schene Speiß von Krepsen und Spinäth zu machen.*	Krebs-Spinat-Palatschinkentorte
173.	*Ein aufgegangenes von hänner Löberl zu machen*	Hühnerleberpastete
174.	*Ein gar Kreftiges Henner Mueß*	Hühnerfarce
175.	*Ein aufgegangenes ayr Mueß*	Semmelauflaufl
176.	*Ein Semel mueß zu machen*	Semmelauflauf
177.	*Ein Butter Mueß zumachen*	Süßer Auflauf
178.	*Ein Kreps mueß zu machen*	Krebs-Auflauf
179.	*Ein march mueß zumachen*	Mark-Auflauf
180.	*Ein Kreß Lingerl, oder Brädl oder Rindtfleisch mueß zumachen*	Geröstete Innereien
181.	*Ein Kitten mueß zumachen*	Quittenmus
182.	*Ein Lemonj mueß zumachen*	Zitronenmus
183.	*Ein zuckher mueß zumachen*	Süßes Mus
184.	*Ein gesundes und krefftiges roßinen mueß zu machen*	Weinsuppe mit Rosinen
185.	*Ein Hötscherbötsch mueß zu machen*	Hagebuttenmus
186.	*Wie man daß eingebundtene Höchten Löberl schädl machen mueß*	Hechtleberknödel
187.	*Ein spinäth Schädl zu machen*	Spinatschöberl
188.	*Ein Löber schödl zu machen*	Hühnerleberschöberl
189.	*NB (Nota Bene)*	Schaugericht von der Spansau
190.	*Ein Strudel von Krepsen machen*	Krebsstrudel
191.	*Ein spinäth Strudl zumachen*	Spinatstrudel
192.	*Ein Khell Strudl*	Kohlstrudel
193.	*Wie man daß eingeriehrte Kündts Koch machen soll*	Gebackenes Kindskoch
194.	*Ein Siesßes Schüsßel Koch zumachen*	Süße Eierspeise
195.	*Ein Schmalz Koch zu machen*	Süße Backspätzle
196.	*Ein opfl Koch zu machen*	Gebackene Apfelspeise
197.	*Ein guettes Koch auch vor Kranckhe leith zu machen*	Hühnerfarce
198.	*Die Krepsen Knödl zu machen*	Krebsknödel
199.	*Spinäth Knädl zu machen*	Spinatknödel
200.	*Die Höchten Löber Knädl zu machen*	Hechtleberknödel
201.	*Butter Knödl zu machen*	Butterknödel
202.	*Löber Knödl zu machen*	Leberknödel
203.	*Bafösßen an ain fasstag*	Krebspafesen
204.	*Gereste öpfel zu machen*	Apfelkompott

Nr.	Originaltitel	Moderner Titel
205.	*Hötscherbötsch auf ein semmel schnidl zu machen*	Semmelschnitten mit Hagebuttenmus
206.	*Gebachenen reisch zumachen*	Reiskroketten
207.	*Butter Nudl zumachen*	Butternudeln
208.	*Khösten Nudl zu machen*	Dampfnudeln
209.	*Ein Weixl oder Ammereln Kuechen zumachen*	Weichselkuchen
210.	*Butter Laibl zu machen*	Dampfnudeln
211.	*Schneckhen in die Böckh zu machen*	Germteigschnecken
212.	*Sneckhen mit Sardellen zu machen*	Schnecken in Sardellensauce
213.	*Krepsen schneckhen zu machen*	Hefeteigstrudel mit Krebsfüllung
214.	*Ein Köstliche speiß von ayr doter*	Eiermus
215.	*Gebachenen schnidtn zu machen*	Gebackene Teignudeln
216.	*Schöne Krapfen zu machen*	Bauernkrapfen
217.	*Bixen Krapfen zu machen*	Büchsenkrapfen
218.	*Brigl Krapfen zu machen*	Baumkuchen
219.	*Holler Kiechl zu machen*	Hollerküchel
220.	*Mandl Kiechl zu machen*	Mandelmakronen auf Oblaten
221.	*Oblat Kiechl zu machen*	Mandelmakronen auf Oblaten
222.	*Aneiß Kiechl zu machen*	Aniskekse
223.	*zuckher Strauben zu machen*	Strauben
224.	*Hobl schaitten zu machen*	Hobelscheitten-Mandelkekse
225.	*Gereste Mandl zu machen*	Gebrannte Mandeln
226.	*Mandl krauth zu machen*	Mandelbaiser
227.	*Mandl schmarn zu machen*	Mandelkuchen
228.	*Gesulzte milch zu machen*	Milchsulz
229.	*Johannß Bierl ein machen*	Johannisbeerkonfitüre
230.	*Griene Nusen einzumachen*	Grüne Nüsse einkochen
231.	*Lemoni und pomeränzen schöllen einzumachen*	Kandierte Schalen von Zitrusfrüchten
232.	*Rosen zuckher zu machen*	Rosenzucker
233.	*Pomeränzen Safft zu machen*	Bitterorangensaft
234.	*Butter taig zu machen*	Blätterteig
235.	*Maren taig zu machen*	Mürbteig
236.	*Maren torten zu machen*	Mürbteig
237.	*Hausen dorten zu machen*	Zitronenkuchen
238.	*Linzer dorten zu machen*	Linzertorte
239.	*Mandl dorten zu machen*	Mandelkuchen
240.	*Biscoten dorten zumachen*	Biskuittorte
241.	*Aufgestrichnen Mandl tordten*	Mandelkuchen
242.	*Kreß dorten*	Gekrösepastete

Nr.	Originaltitel	Moderner Titel
243.	*Schisßel dorten*	Mürbteigkuchen
244.	*March dorten*	Rosinenkuchen
245.	*Semmel mit weixel fihlen*	Semmel mit Weichselfüllung
246.	*Geschnittne Mandl Koch*	Mandelkuchen
247.	*Wie man die gänß einbaißet*	Gebeizte Gans
248.	*Suppen von hänner Baindl*	Hühnersuppe
249.	*Ein Schödl von hänner bluet*	Omelette mit Hühnerblut
250.	*Mandl Suppen mit Rämb*	Mandelrahmsuppe
251.	*Mohcacener dorten zu machen*	Muskatzinertorte
252.	*Aufgegangene Löber zu machen*	Kalbsleberroulade
253.	*Mueß an einen fastag*	Weinbeerenmus
254.	*Kreps mueß zu machen*	Krebsmus
255.	*Ayr dorten zumachen*	Süßer Eierauflauf
256.	*Ayr mueß zu machen*	Rührei
257.	*Ein gehäckht zu machen*	Eierspeise
258.	*Gefihlte ayr zumachen*	Gefüllte Eier
259.	*Oxen augen zumachen*	Spiegeleier
260.	*Baum wohlene Nudl zu machen*	Rohrnudel
261.	*Schne ballen zu machen*	Schneeballen
262.	*Waller ein zu machen*	Waller blau
263.	*Höchten in einen Kren*	Hecht blau in Krensauce
264.	*Grundlen in einer schwarzen Nägerl supen*	Grundel blau in Nelkensauce
265.	*Höchten und andere fisch blau zu sieden*	Blaugekochte Fische
266.	*spänisches brodt zu machen*	Scheiterhaufen auf spanische Art
267.	*Gefihlten khell Räbe zu machen*	Gefüllter Kohlrabi
268.	*Kreps Nudl zu machen*	Mürbteignudeln mit Krebssauce
269.	*Bier suppen*	Biersuppe
270.	*Weinn Suppen zu machen*	Weinsuppe
271.	*Grieß mueß zu machen*	Grießkoch
272.	*Hänner mueß zu machen*	Hühnerfarce
273.	*Straumb Koch zu machen*	Straubenkoch
274.	*Pinoli Blämbl zu machen*	Pinienkernblumen
275.	*Dopfen Strudl zu machen*	Topfenstrudel
276.	*Kreps Pafösen zu machen*	Krebspafesen
277.	*Krepsen mueß mit mandlen zu machen*	Kreps-Mandelmus
278.	*Haubete Kuechl zumachen*	Schmalzgebäck
279.	*Websen Nösst zu machen*	Wespennest
280.	*Den Kupfernen dorten zu machen*	Mandelkuchen
281.	*Aufgegangenes mehl mueß*	Omelette

Nr.	Originaltitel	Moderner Titel
282.	*Ayr schmalz von Khell*	Kohlauflauf
283.	*Kröß Würstel zu machen*	Würste aus Innereien
284.	*Mueß von Ayr Clar*	Mus
285.	*Holler hippen zu machen*	Hohlhippen